U0014322

中堅

實力 3

打破規則，創造新局，
台灣中小企業邁向國際的致勝策略

Taiwan
SMEs
Growth
Story

中租迪和（股）公司——【委製】
台灣經濟研究院——【研究】

目錄

第一章　中國篇

第四章　印尼篇

推薦序

放眼國際，回首台灣

中租控股董事長　陳鳳龍

《中堅實力3：打破規則，創造新局，台灣中小企業邁向國際的致勝策略》是中租控股與台灣經濟研究院投入了三年的時間，與50家海內外中小企業深度訪談，累積超過10,000公里的飛行，彙整而成第三本中小企業研究的系列專書。

為了瞭解台灣中小企業走向國際的決策邏輯與競爭優勢，自2016年起，中租控股與台經院研究員組成執行團隊，展開中小企業約訪。這一年發現受訪企業仍在台灣設立登記，卻因為經營者長年在海外打江山、鮮少返台，讓執行團隊在訪談工作上，顯得力不從心。

2017年，決心擴大訪談對象，提高預算經費，投入更多心力，將步伐邁向海外。透過中租控股海外子公司、台灣商會、台商聯誼會等單位的協助，選定中小企業重要的海外投資市場─中國大陸與東協，走訪以製造業為主的台資

企業。

　　這一年，走過中國大陸上海市、蘇州市、東莞市與深圳市，到泰國曼谷、越南胡志明市。2018年再增加印尼雅加達的台資企業訪問，最後完成文稿校訂與編輯印刷的工作，得以在2019年正式對外發表。

　　這本書彙聚了中小企業勇闖異域的歷程，台商的海外奮鬥史，以及經營者的思考與實踐。綜觀的歸納，1990年代，台灣啟動南向政策，推動台商海外投資往東南亞轉移。當時，部分台商帶著幹部往泰國發展，這批幹部在地紮營深耕，時日一久即自行創業，目前已順暢傳承至移民的第2代，帶領企業發展得更多元。

　　部分台商樂觀地跟著大廠客戶移往印尼設廠，卻遭到供應鏈突然撤離，歷經掙扎去留、找尋客戶，轉進國際市場，加入產業供需的一環。而至越南發展的台商，早年得以享受到較低的勞動力成本、較高的貿易開放程度和有利的地理位置，目前也面臨基礎建設與勞工制度等因素壓縮獲利的挑戰。

　　台商海外投資最大宗的中國大陸，因經濟向前疾馳，又語言、地理位置相近，對有志向外開疆闢土的台資企業具莫大的吸引力，而今卻面臨勞工薪資調漲，環保標準提升，經

營成本不斷增加，還有當地中小企業崛起的挑戰，愈來愈多台資企業選擇移向越南，促使越南躍居為台商海外投資中第2大國。

　　這本書見證了台資企業以堅實的製造，與時俱進的技術升級，種種的優勢讓他們在困境中找到生存之道，在海外立定腳跟，部分企業卻也連根拔起在台灣的據點與產能。除了為他們的成功感到欣喜，卻也不免憂慮中小企業專注在國際市場，恐成為台灣未來發展的隱憂，甚至是整體經濟環境的警報。

　　《中堅實力》系列書籍，是中租控股成立四十多年來，服務中小企業，秉持回饋客戶的理念，於2012年與台灣經濟研究院、商周出版公司攜手合作，從市場、從產業、從學術的角度觀察，研究中小企業發展的議題、面臨的挑戰，甚至是未來的方向，也期望帶動社會大眾對中小企業的認同與支持。

　　第一本書《中堅實力：台灣中小企業的成長之路》，回顧在時空背景與政府政策下，中小企業的發跡與產業群聚，一路走來成為台灣經濟發展的碁石，以提供讀者對中小企業較全面性的認識；第二本書《中堅實力2：台灣中小企業的峰迴路轉開拓之道》，剖析中小企業在面對內外困局，發展

路上的種種阻礙，為了生存開始的轉型，也開創了更廣大的
格局與市場。

　　第三本書《中堅實力3：打破規則，創造新局，台灣中
小企業邁向國際的致勝策略》以中小企業的國際化發展，找
出共同的脈絡、成功的關鍵，希冀為中小企業寫下記錄，也
期望他們失敗的經驗、成功的故事，提供有志者縮短摸索
期，找到自己的舞台。

推薦序

機會是留給有準備的人

台灣經濟研究院董事長　王志剛

台灣中小企業家數約143萬家，其就業人數高達890萬人，占全國總就業人數78%以上，不僅是社會安定的重要環節，也為台灣的經濟成長與就業創造提供重要貢獻。就台灣經濟發展歷程來看，政府在1960年代推動出口擴張政策帶動輕工業發展、1972年推動「小康計畫」，倡導「客廳即工廠」運動，使得台灣的生產力由工廠延伸至一般家庭，中小企業如雨後春筍般蓬勃發展。不過自1980年代中期以後，隨著台灣勞工成本增加、產品技術複雜度提高、台幣升值所造成出口競爭力下降，加上新興國家崛起使得全球分工體系重整等經營環境的變化，令台灣中小企業直接取得海外廠商的代工訂單愈加困難。

對此，台灣中小企業因面臨到經營環境的改變，急需找尋能降低生產成本的地區投資，故開始採取對全球化的對外

投資策略。從對外投資的歷程變化來看，在1990年未開放對中國大陸投資之前，台灣企業對外投資金額集中在北美洲。不過，從1991年開放對中國大陸投資後，隨後的20年間，台灣對外投資金額主要集中在中國大陸。然而隨著中國大陸經濟快速發展，經營成本逐漸上升，使得在過去10年亞洲其他國家再次成為台灣企業的投資重點，其中又以東南亞國家為台灣企業主要布局的地區。

　　整體來說，全球布局是經濟全球化趨勢下的產物，在此一趨勢下，企業透過考量成本、技術與經營環境，選擇生產最有效率，且產品品質最佳的地方進行生產，因此可以發現許多跨國公司在不同國家或地區進行生產製造、研究發展與行銷服務，進而形成綿密的全球供應鏈。因此，面對著全球化趨勢之快速變遷，企業選擇海外投資地點或經營模式也必須隨之調整。

　　正所謂「機會是留給有準備的人」，台灣的中小企業若欲前往海外發展事業，首先需瞭解的即是各地區經營環境及實務運作上的差異。有鑑於此，本院與中租控股共同合作，針對台商中小企業國際化緣由、過程、困境與解決方式等面向，透過與海外台商實地訪談的方式，了解我國中小企業在海外第一線經營的情況。

　　本書歸納、分析31家中小企業國際化成功的經驗，是一本關於台灣中小企業在海外發展的最佳入門書。書中所寫的諸多內容更是由多年深根於海外的中小企業所經歷過的酸甜苦辣事例，這在坊間少見更是彌足珍貴。本書同時也陳述台灣海外中小企業的辛酸奮鬥史，適合對於中小企業國際化發展有興趣的朋友來閱讀，謹向各位讀者做高度推薦。

前言

台資中小企業猶如殘局棋手
甩規則、跨國際、打群架

台灣經濟研究院主任　孫明德

　　在全球主要經濟體中，台灣是少數以中小企業為主體的國家之一。有人說：「商場如棋局」。若用象棋來比喻，大企業像是全盤的下法，而中小企業則像走殘局。例如在組織架構上，大企業陣容完備，中小企業則缺兵少車；在戰術上，資金、人力豐沛的大企業，可因時因地制宜、變化多端，中小企業則是過河卒子，走一步算一步，活一天是一天；在資源上，大企業多元而充足，能以時間換取空間，中小企業則不耐持久戰。

　　面對全球化的競爭，中小企業經營者，猶如面對殘局的棋手，唯有「甩規則、跨國際、打群架」，才能出奇制勝。「甩規則」指不再拘泥於象棋的規則，所有棋子都可橫衝直

撞；若象棋棋面指台灣市場，「跨國際」意謂跳脫棋面、另闢戰場，轉攻國際市場；「打群架」則指中小企業策略結盟，結合眾棋手的棋子，群策群力、共謀勝利。

中小企業仰賴內銷日深

在台灣整體企業與內銷銷售額中，中小企業占比近年來皆相當穩定；「大企業主外、中小企業主內」的產業結構，已逐步成型。另一個不可忽略的趨勢是，在台灣的出口額中，中小企業貢獻度正逐年下滑，大企業貢獻度則有增無減，足證中小企業對內需市場與大企業的出口供應鏈的倚賴愈來愈深。

自數年前起，中租控股與台灣經濟研究院攜手，共同進行台灣中小企業研究，旨在記錄並回饋中小企業，並探討中小企業的困境與突圍之道；除撰寫研究報告，更陸續在商周出版公司出版《中堅實力》系列書籍，嘗試讓成果普及化。

《中堅實力》首冊，堪稱台灣中小企業總論，簡述台灣中小企業在不同歷史階段的發展情形，與國內產業聚落狀況，內容含括15家具有特色的中小企業。《中堅實力》第2冊，則解析台灣中小企業轉型，將驅動企業轉型的動力，歸

納為「新趨勢、新需求、新競爭、新理念」4者,並羅列23則成功轉型個案。

　　本書為《中堅實力》第3冊,以台灣中小企業國際化為主軸。同樣是國際化,大企業慣採的模式與中小企業截然不同;大企業的國際化模式主要有大型化、集團化、全球化3者;大型化指透過規模經濟量產降低生產成本,集團化指往供應鏈上下游垂直整合,或往相關產業水平布局,或兩方向同時進行,全球化指多地投資,以期發揮更大的綜效。

台灣中小企業國際化模式

　　資源不豐的台灣中小企業,無力採用與大企業相同的模式,可選擇的國際化模式,主要有出口外銷、模式複製、活動外移3種模式。而台灣中小企業邁向國際化,多由「市場需求變化」、「國內生產成本提高」2大因素所推動。

　　擁有差異化或低成本優勢的中小企業,多選擇出口外銷,產品在本國生產、製造,再銷售至海外市場。當國際規模擴大,台灣生產基地產能無法跟上時,中小企業多選擇模式複製,在既有的成功基礎上,將經營模式複製到其他國家。而經營環境改變,競爭優勢消失,中小企業為求生存,

多選擇追隨產業供應鏈外移，統稱為活動外移。

　　在「出口外銷」方面，成功關鍵在建立貨暢其流的通路，採用吸引客戶、消費者的行銷策略，克服產品運輸與交期問題，並突破產品外銷國家的關稅、非關稅壁壘。

　　在「模式複製」方面，成功關鍵大多因為企業擁有特殊的營運模式，選擇具利基的市場，並落實在地化。台灣企業的成功典範，如鼎泰豐，已將烹飪、管理模式，從台灣複製至日本、美國、印尼、澳洲、阿拉伯聯合大公國等國家。

　　在「活動外移」方面，成功關鍵多在於研發、行銷創新，與優質的生產流程管理與在地勞工管理。例如，寶成、儒鴻等台灣傳統產業大廠，皆已將生產基地遷至東南亞國家，廣達、仁寶、華宇、大眾等筆電廠商，則已在中國設廠。

產業如何選擇成功的經營模式？

　　台灣中小企業國際化議題萬緒千端，為避免失焦，本書聚焦在製造業，樣本範圍鎖定在中國、東南亞國家，中國著重於台資企業雲集的深圳市、東莞市（珠三角）、上海市、蘇州市（長三角），東南亞國家亦著重於台資企業較多的越

南、泰國、印尼等3國，以增加研究深度。

　　全球國家數以百計，為何僅鎖定中國、東南亞國家？原因無他，在台資企業的海外投資中，若加計免稅天堂轉投資，中國占比高達約70%，東南亞國家則居第二，占比約15%，遠高於其他國家；而在東南亞國家中，越南台資企業數目亦大幅領先其他國家。

不同區位中小企業策略思惟差異大

　　本書透過海外台灣中小企業深度訪談，研析它們國際化模式與策略差異，耙梳台資企業進行國際化時，面對之問題與因應作法，藉此分析區域及產業國際化模式及特性。

　　歸納訪談的海外台資企業，在泰國的台資企業，多屬內需型的中小企業，主力產品包括塑膠、油漆、潤滑油、衛浴設備、機械設備等，在越南、印尼與中國珠三角、長三角的台資企業，多是大企業與其供應鏈的協力廠商。

　　在訪談泰國的台資企業中，部分經營者為台灣移民的第2代，甚至第3代；部分經營者則是在20世紀90年代、台灣政府首次推動南向政策時，前往泰國任職台資企業幹部，之後再自行創業。

　　隨著大客戶或產業供應鏈移動而南進、西遷，在越南、印尼與中國珠三角立足的台資企業，多已從台灣連根拔起，不在台灣保留據點與產能；並非台資企業主動棄守台灣市場，而是其所屬產業，已不再適合台灣當今的經營環境。在中國長三角設廠的台資企業，多在台灣保留據點與產能，以便兩地同時供貨。

無論中國或東協　「融資難」為共同困境

　　綜觀訪談的中小企業，各國台資企業國際化優勢、劣勢與經營困境。在泰國、印尼、越南等3國，台資企業的共同困境為語言隔閡、員工管理不易、資金借貸困難；而在泰國，台資企業最大優勢在世代傳承順暢，最大劣勢在經營成本節節上升，憂患還包括缺乏對法令制度與勞工權益的瞭解等。

　　印尼台資企業最大優勢在製造能力卓越，後顧之憂除了基礎建設落後，還有法令規章修改等，加上法定員工福利，墊高企業營運成本；越南台資企業最大優勢在技術升級快速，劣勢在基礎建設較為落後，法令規章自由心證空間等潛在成本，亦讓台資企業不勝其擾。

面對國際大企業及當地企業挑戰
台資企業壓力倍增

　　在中國珠三角、長三角的台資企業，前者最大優勢在管理能力超群，後者最大優勢則在技術升級迅猛；但共同的最大經營劣勢，皆為薪資、運輸、原物料等經營成本不斷上漲，削弱企業競爭力，並嚴重侵蝕獲利，而資金借貸困難，壓縮周轉空間。

　　中國珠三角台資企業的另一難題，為當地中小企業崛起，挖角員工、瓜分市場；而橫在長三角台資企業眼前的障礙，還有國際訂單價格調漲速度緩慢，利潤難以脫離低谷。

　　不過，無論何國的台資企業都喟嘆，台資企業多半單打獨鬥，不若日資企業、韓資企業團結，故僅能在夾縫中求生存，常有求助無門，與「爹不疼、娘不愛」的孤寂感。然而，海外台資企業的困境，反映的正是台灣的外交困境。先天不利的台資企業，唯有相互結盟、同舟共濟，方可與競爭對手抗衡。

最佳的敲門磚與入門書

　　在此，特別提醒讀者的是，在海外闖蕩，困難度遠高於在台灣經營事業。本書訪談的中國、東南亞國家台資中小企業，都是成功的個案，還有數不盡的台資中小企業，在異國鎩羽而歸，若干經營者甚至有家歸不得，淪為流落天涯的「台流」。

　　對於有心瞭解中國、東南亞國家的讀者，本書是最佳的敲門磚，對有志進軍中國、東南亞國家的台資企業，本書亦是理想的入門書。台灣政府雖陷於外交困境，但經濟部中小企業處、外貿協會都經常籌組海外參訪團，有志進軍中國、東南亞市場的台資企業，可先隨團參訪，認識環境、蒐集相關資料，再決定投資與否。

第一章

中國篇

導讀

中國居台資企業海外投資之首

自1979年以降，中國施行「改革、開放」政策，經濟向前疾馳，也因工資低廉、優惠繁多，迅速成為各國企業海外投資的首選，先成為「世界工廠」，再竄升為全球第2大經濟體，也因語言、文化、地理位置相近，對有志向外開疆闢土的台資企業，中國具莫大的吸引力。

近年中國經濟成長速度趨緩，勞工薪資亦大幅調漲，環保標準不斷提昇，經營環境日益嚴苛，侵蝕台資企業獲利，愈來愈多台資企業撤離中國。縱使如此，在台資企業的海外投資中，中國依然穩居首座，占比仍高達約70%，逾2倍於在其他國家投資總和。

台商集中於長三角、珠三角

本書訪談的在中國的台資企業，多位於長三角、珠三角。其中，已躍居台灣最大卡片生產商的第一美卡，在蘇州市設立分公司，作為第二生產基地與進軍中國市場的灘頭堡。第一美卡的考量點為，蘇州市位於中國一級城市上海市

的腹地內，招工較為容易，且金融業、連鎖流通業、電信服
務業相當發達；不僅卡片需求量較大，卡片產品亦可快速從
浦東機場出口，與國際市場接軌。

中國內銷市場日益重要

元陽金屬製品西進中國後毅然調整企業營運方向，捨棄
多方開戰之策略，選擇單一類型的少量產品，即鐵櫃相關產
品作為主力，並積極增進專業技術，同時為強化鐵櫃品質，
成立模具、設備部門，並簡化內銷接單流程，且以「零接整
出」模式出貨降低成本，並提供貨送到位、快速安裝、快速
更換等服務。

力臻企業向來以量少、價高、品項多元著稱，專攻利基市
場，產品為ICT（資通訊）零組件設計、製造、銷售，成立深
圳子公司後，更強化三角貿易的優勢與靈活度。晚近為搶占物
聯網（Internet of Things，IoT）商機，已研發智能水表、智能油
表、智能瓦斯表等產品，可望成為企業未來的生命線。

盈昌事業因考量台灣缺工問題，而產品倚賴大量人工生
產，赴中國設立生產基地較為實惠，遂選擇在惠州市建廠，
也鄰近深圳市較多的自行車產業供應商，以方便迅速找到配

合廠商，提升產能，而台灣廠則保留研發中心，與客戶攜手共同研發，也專事生產技術層次較高的產品。

　　三沅興業有鑑於成衣產業屬勞力密集產業，先將生產、研發能量移至中國後，為了有效管理，之後也將企業總部搬遷至惠州廠，而台灣廠主力業務轉為資金控管、原物料採購，現在所有分廠的幹部，都由惠州廠指派；技術門檻較高的產品，亦由惠州廠負責開發，待生產技術成熟後，再移轉至其他廠房。

台資企業不升級即淘汰

　　和盈彩色印刷紙品，為因應勞工薪資持續上漲，為降低生產成本並提升量能品質，大舉採購自動化生產設備，接手印刷、軋盒、裱紙、糊盒等工序；且早在建廠時就特別著重污染處理設備，面對近來大幅提高環保標準與嚴格執行稽核，絲毫不受影響。

　　迪樂科技集團的旗下企業串起一條龍服務網，分由誠宗環保科技扮演迪樂科技集團的營運、設計與財務中心，爵毅金屬切銷科技與誠鑫環保科技為設備廠，美萬邦科技為模具廠，綠地藍天科技為紙塑環保產品研發，銘程環保製品則是

紙塑杯蓋、餐盒、餐盤包裝廠。

　　元駿國際專營刀具與相關配件，因產量、人力有限，在搶灘一個國家市場時，皆選擇與一家可信賴的經銷商長期合作，省去建立據點的龐大費用，但中國則是唯一例外，元駿國際在華東地區、華南地區，各設置 1 個銷售據點；在其他省分，則將刀具、配件交割給經銷商販售。

　　馬光保健是台資企業少數的例外，前往新加坡拓點，現在更已將事業版圖擴及馬來西亞、中國。從澎湖縣馬光市發跡的馬光保健，先走向台灣本島，再跨足新加坡，成立馬光保健醫療連鎖中醫門診中心，2009 年進入中國市場，並選擇天津市為發展地點。

美中貿易戰為嚴峻挑戰

　　早年，台灣中小企業西進中國，藉著低廉的勞動力與廣大市場，迅速茁壯為產業巨擘。時過境遷，台資企業現已不若昔日風光，不僅生存條件益發嚴苛，競爭也愈來愈激烈，而在地企業崛起，亦嚴重擠壓生存空間；加上美國、中國貿易戰剛剛拉開序幕，以外銷為主的中國台資企業，更將面臨嚴峻挑戰。

1 │ 勇於投資、彈性應變
第一美卡躍居「卡王」

　　荷蘭雖是蕞爾小國，卻孕育出飛利浦（Phillips）、阿克蘇諾貝爾（AkzoNobel）等跨國大型企業。台灣企業如「卡王」第一美卡，一如荷蘭大企業般，善於將鄰國之間的矛盾，化為壯大自身實力的養分。

　　已躍居台灣最大卡片生產商的第一美卡，創立於1991年，初期主力業務為生產各式紙卡。2000年，第一美卡跨足線上遊戲卡生產，且研發出當年國內品質最佳的密碼卡；2003年，切入IC晶片卡市場，開始量產GSM SIM卡，轉型為高端產品生產商，並於2006年購入德國海德堡6色印刷機與銀行卡入碼機，建構快速量產的能力，主力產品轉為SIM卡、會員卡。

可一條龍生產各式卡類產品

　　第一美卡總經理暨創辦人鄭孟仁直言，若要推出SIM卡

自有品牌，不但得投資可觀的研發資源，還得與電信廠商洽談，並面臨其他國家卡廠的競爭，營運必定更加艱辛，因此第一美卡決定堅守智能卡代工崗位。

在客戶需求的驅動下，第一美卡陸續取得卡片的各項認證，堪稱應有盡有。第一美卡於2007年取得VISA/MASTER信用卡認證，於2008年取得GSM-SAS認證，於2009年取得日本JCB信用卡認證，於2010年取得中國銀聯信用卡認證，於2013年取得OHSAS 18001/ISO27001/CUP認證。

第一美卡具備各式卡類產品一條龍生產的能力，從印刷到包裝，皆可一手包辦，客戶遍布台灣與各大洲，主要客群包括金融業、票證業、系統商、連鎖流通業、線上遊戲業、電信服務業等。

身為智能卡專業代工廠，第一美卡最大國際競爭優勢在於具備彈性、迅速、多樣化的生產能力，可在短時間內，符合不同客戶的需求；且其不斷投資、更新設備，亦可滿足客戶最高階的需求。

先後在中國、日本設分公司

不過，因為台灣、中國ECFA（海峽兩岸經濟合作架構

協議）談判暫停，第一美卡的銀聯信用卡認證，迄今尚無法
產生任何收益。但著眼於中國中產階級快速崛起，銀聯卡將
全面置換為晶片卡，潛在商機相當豐厚；2012年第一美卡
選擇在蘇州市成立中國分公司。

　　到了2015年，因日本禮物卡、會員卡需求日增，第一
美卡決定成立日本分公司，負責接單與業務推廣。目前，國
外客戶所貢獻的營收，已占第一美卡總營收70%，且持續成
長中。

　　選擇在蘇州市設立分公司，作為第2生產基地，與進軍
中國市場的灘頭堡。第一美卡的考量點為，蘇州市屬一級城
市上海市的腹地，招工較為便易，且金融業、連鎖流通業、
電信服務業相當發達，不僅卡片需求量大，卡片產品亦可快
速從浦東機場出口，與國際市場接軌。

　　初期，第一美卡僅擁有蘇州廠約30%的股權，遂先將
桃園廠6條生產線的設備，售予蘇州廠，再將收到的價金進
行投資，但過程並不順遂；因設備輸入中國，必須檢驗、報
關，損失的營收反而大於設備移轉的收入。所幸，蘇州廠投
產後，因營運成本較低，獲利率還是高於桃園廠。

以兩地工廠彈性因應客戶考量

　　初期鄭孟仁認為,中國法令繁多、瑣碎,以合資模式在中國設廠,委由在地股東處理相關業務,當可省下可觀的人力、時間。經過幾年的熟悉後,目前第一美卡占蘇州廠股權,已增至100%的股權。並又於蘇州金雞湖規畫開設二廠,以因應龐大的訂單需求。

　　蘇州廠生產的產品,與桃園廠並無差異;兩間工廠除了可相互調配產能,還可讓第一美卡保有談判籌碼,以因應客戶的成本、政治考量。

　　鄭孟仁舉例,日本客戶最在意品質,歐洲客戶擔憂機密外洩,皆要求產品僅能由桃園廠代工;而近年來,越南、中國關係日趨緊張,越南客戶亦曾聲明,卡片產品不得在中國境內生產。

中國蘇州廠力行在地化政策

　　投資中國子公司後,第一美卡隨即從台灣調派30多名幹部,進駐蘇州廠,進行技術轉移、人才培訓。如鄭孟仁所預料,在短時間內,這群幹部便將桃園廠的SOP(標準作業

流程)與生產經驗,成功複製至蘇州廠。

　　然而,第一美卡蘇州廠力行在地化政策,現僅存高階管理階層為台籍幹部,其他中、低階幹部,皆已是中國籍;畢竟,中國籍幹部除了較熟稔當地的文化、民情,較易獲得中國勞工的信任,亦有助於開展、維護與當地政府的關係。

　　第一美卡蘇州廠所需原物料,大多由台灣供應商在中國的工廠就近供應,以壓低成本;但若干特殊、關鍵原物料,如ABS(Acrylonitrile Butadiene Styrene,丙烯腈─丁二烯─苯乙烯共聚物)樹脂,仍是由台灣直接供應。

企業責任

　　必須一提的是「一般SIM卡採用PVC(Polyvinyl Chloride,聚氯乙烯)材質,不耐高溫也不環保。」加上SIM卡訂單動輒百萬張起跳,若繼續使用PVC,勢必衍生大量的垃圾。為確保卡片品質及環境保護,第一美卡堅持蘇州廠跟台灣一樣均使用ABS樹脂製卡。

　　鄭孟仁強調,先進國家環保法規愈發嚴謹,國際電信大廠皆要求,以環保、耐高溫的ABS樹脂製造SIM卡。「雖然客戶所在國,環保法規寬鬆不一,但第一美卡已全面轉用

ABS樹脂製卡。」

　　且有鑑於此，第一美卡台灣廠特別增設ABS樹脂生產線，以確保品質及供應產能的穩定。

不畏中國籍幹部跳槽、創業

　　諸多台灣中小企業西進中國，不願施行在地化政策，原因無他，在於擔心中國籍幹部習得相關專業知識、技術後，跳槽至競爭企業，或自行創業。鄭孟仁自信地說，第一美卡從不畏懼中國籍幹部跳槽、創業，因為未曾見過其他卡廠，如第一美卡般勇於添購新設備。

　　只是，鄭孟仁坦承，中國幅員遼闊，若干來自內陸省份的員工，在春節返鄉後，不再返回蘇州廠，屢屢造成勞動力不足。鄭孟仁指出，第一美卡蘇州廠的因應策略為優先錄用蘇州市與周遭城鎮的應徵者，以期克服缺工問題。

　　當下，第一美卡桃園廠、蘇州廠皆設有研發單位，但高階技術仍由桃園廠負責。鄭孟仁樂觀地說，收購蘇州廠所有股權後，桃園廠便可將高階技術輸往蘇州廠，促使第一美卡競爭力再上層樓，並強化深耕國際市場！

第一美卡小檔案：

創立：1991年

創辦人暨總經理：鄭孟仁

產業別：卡片

地點：桃園市龜山區

海外據點：日本、中國

員工數：500多人（桃園廠200多人、蘇州廠300多人）

企業策略：台灣、中國同設生產線，增加應變彈性。蘇州廠原物料多由台商中國廠就近供應，僅關鍵原物料由台灣直接進口，並力行在地化政策，方便經營、管理，以利於開展、維護與當地政府的關係。桃園廠、蘇州廠皆設有研發單位，但由桃園廠負責研發高階技術。

2 ｜ 從雜貨店轉型為專賣店
元陽金屬製品展翅翱翔

　　在美食街，有些店家像雜貨店，產品琳瑯滿目，令人目不暇給，有些店家則是專賣店，只賣1項產品。然而，前者業績、壽命不見得勝過後者，當前者業績衰退時，產品品項反倒逆勢增加，但通常徒勞無功，有時更加快敲響喪鐘的速度。

　　中小企業亦然，產品原本包羅萬象的元陽金屬製品，轉型為鐵櫃相關產品專業廠商後，不僅走出營運谷底，業績更拔地而起、蒸蒸日上，成長達15倍。當下，其主力產品已擴展至床組、文具櫃、更衣櫃、展示框架、特殊鐵櫃，與金屬加工品、金屬辦公傢俱、生活傢俱零組件等。

鎖定鐵櫃為主力產品

　　1972年，元陽金屬製品的母公司元陽金屬工業，於新竹市創立；1999年時，到中國上海市建廠，主要動機為降

低生產成本。當時,台灣一般作業員的月薪,已上漲至新台幣 3 萬 8000 元,且缺工日益嚴重,雖可引進外勞,但中國作業員月薪僅 5000 元,薪資成本低廉;西進設點,更有助於切入潛力豐厚的中國市場,堪稱一舉兩得。

早年,元陽金屬製品現任董事長何書任的父執輩「當家」時,跨足各式五金產品,如掛勾、貨架、桌腳等,但產品多而不精,營運狀況不佳。何書任留學歸國後,原計畫從事貿易工作,最後決定接手家族企業,並大刀闊斧進行重整、改造,終於成功脫離泥沼、展翅高飛。

何書任評估,元陽金屬製品製造實力仍優於中國廠商,因此毅然調整企業營運方向,捨棄多方開戰之策略,選擇單一類型的少量產品,即鐵櫃相關產品,作為企業的主力產品,並積極增進專業技術;而鎖定主力產品,便易於鎖定主力客群,易於制定行銷策略。

然而,企業營運方向改弦易轍,自遭父執輩質疑;父執輩認為,若單賣鐵櫃,不搭配其他辦公傢俱,恐難在市場中脫穎而出。但何書任力排眾議,堅持專攻鐵櫃相關產品,並於 2004 年,終止元陽金屬製品除鐵櫃以外的相關業務。

自組模具、設備部門

不過，何書任絕不是孤注一擲，更非暴虎馮河，而經過深思熟慮、反覆推演，才決定破釜沉舟、背水一戰。他認為，鐵櫃屬技術密集、資金密集產品，製程不僅需要巨型設備，更先後應用剪、沖、折、焊、塗、組裝等不同工藝，在眾五金產品中，進入門檻較高，競爭對手亦較少，成功機會較大。

再者，因一套辦公傢俱至少得配置1個鐵櫃，需求量相當可觀，且鐵櫃製程最後1道工序，仍需人工組裝；因歐、美國家人力成本高昂，元陽金屬製品在中國製造鐵櫃，再運送出口，相較於歐、美製的鐵櫃，仍具價格優勢。

為了改造企業體質，在2004年，何書任聘請2名台籍協理，掌管財務、技術部門，成效相當顯著；2005年，元陽金屬製品營業額約人民幣1000萬元，隔年翻倍為人民幣2000萬元，2007年又翻倍為人民幣4000萬元，到了2017年，已達人民幣1.5億元。

為強化鐵櫃品質，元陽金屬製品自行成立模具、設備部門，不再倚賴模具廠、設備廠；其成效斐然，不僅經濟效益更高，待具備高階開發模具、設備技術後，反倒可與模具

廠、設備廠合作，開發客製化產品。

中國內銷曾 3 年掛零

西進中國後，元陽金屬製品初期主打外銷市場，較易遭搶單，為降低營運風險，自 2009 年起，何書任開始拓展中國內銷市場，並成立內銷辦公室。雖曾有印度廠商邀約合作，但何書任考量，若赴印度設廠，不僅管理較為困難，印度法律系統亦不健全，加上中國市場尚有廣大發展空間，故先擱置此提議。

不過，元陽金屬製品內銷辦公室成立後，卻連續 3 年業績掛零；痛定思痛後，醒悟開發中國內銷市場的策略，當與拓展外銷市場不同。何書任調整心態，由服務型小訂單紮根，並簡化內銷接單流程，彙整同類型的訂單，以「零接整出」模式出貨，力求降低成本，並提供貨送到位、快速安裝、快速更換等優質服務，業績自此逐步成長。

在外銷市場，為壓低運輸成本，元陽金屬製品選擇承接大單，且為避免庫存成本過高，以低價策略搶市，但若遭遇訂價更低的競爭對手，便可能遭到搶單。至於中國內銷市場，訂單偏少量多樣的產品，屬服務型的商業模式，如設計

樣式訂單、開發鎖具訂單，交貨時間少，但產品訂價、利潤
皆較高。

近幾年來，中國內銷訂單已大幅成長，成為元陽金屬製
品重要財源之一。例如，一棟商辦建案的訂單，訂單即可
能高達1萬件，甚至更多；近期，較大的訂單來自深圳市的
平安國際金融中心，第1期40層樓的鐵櫃訂單，便高達2萬
6000件，而此建案後續還有60層樓。

商辦建案鐵櫃供應商

目前，元陽金屬製品多與大型建商、辦公傢俱統包業者
合作，成為其商辦建案的鐵櫃供應商，終端客戶除了華為、
OFO（共享單車）、匯豐銀行、中國銀行、德勤律師樓，還
有若干軍、公部門大樓。

在中國市場，元陽金屬製品客戶清一色為中資企業，並
無台資企業。原因在於，其曾遭遇客戶賴帳，故堅持現金往
來，以自我保護，中資企業客戶感同身受，皆可理解、接
受，收款現已無障礙；反倒是台資企業，賴帳情形比中資企
業更嚴重，只能推拒其訂單。

當下，元陽金屬製品再上層樓的最大關卡，除了受制於

通路商，莫過於資金借貸。與諸多在中國奮戰的台資中小企業相同，其僅能自有資金進行周轉，但因資金有限，無法購置不動產，沒有不動產等同於沒有擔保品，總遭金融機構拒於門外，無法加速企業成長速度。

因此，元陽金屬製品雖全力衝刺中國市場，卻尚未計畫在其他城市，增建生產基地。除了融資困難，亦因中國運輸業競爭愈發激烈，運輸成本下降，且鐵櫃組裝技術層次較高，員工訓練不易；而上海市雖工資持續上漲、環保規範日趨嚴謹，但相對其他城市，仍具政策穩定、法規完善、勞工素質較高等優點，與「品牌效應」，依然無可取代。

元陽金屬製品小檔案：

創立：1972年

董事長：何書任

產業別：五金產品

地點：新竹市香山區

海外據點：中國

員工數：約300人

企業策略：縮減產品品項，以鐵櫃相關產品為主力產品，自組模具、設備部門，強化設計、製造技術能力。為拓展中國內銷市場，成立內銷辦公室，先承接服務型訂單，逐步拉抬業績，現多與大型建商、辦公傢俱統包業者合作，成為其商辦建案鐵櫃供應商；與中資企業往來，堅持現金交易。

3 | 力臻企業另闢蹊徑
小兵笑傲國際市場

　　若論企業規模，力臻企業遠不如上市櫃電子企業，其研發、製造基地仍留在台灣，未曾外移，卻可另闢蹊徑，成功跨足國際市場，並打入國際大廠的供應鏈。

　　創立於1995年的力臻企業，主力產品為ICT（資通訊）零組件設計、製造、銷售；晚近，為搶占物聯網（Internet of Things，IoT）商機，亦已研發出智能水表、智能油表、智能瓦斯表等3項產品，可望成為企業未來的生命線。

國際客戶貢獻半數營收

　　力臻企業董事長劉秋漢自承，他並非力臻企業創辦人。原本，力臻企業的主力業務為印刷電路板（Printed circuit board，PCB）零組件加工、組裝、測試，但因創辦人經營不善，一度岌岌可危；劉秋漢與幾位友人合力接手力臻企業，逐步調整產品品項、改善企業體質，終使其轉危為安。

接手力臻企業後，劉秋漢先將其轉型為ICT零組件的貿易商，主要貨源供應商為偉詮電；當力臻企業營運步入正軌後，便嘗試研發自主產品，以擴充產品品項、提升企業獲利。

力臻企業研發自主產品，策略為先擬定產品規格，再委託偉詮電、工研院進行設計，之後再尋覓代工廠生產。為了強化生產量能，力臻企業還收購了一家PCB SMT（surface mount technology，表面貼焊技術）工廠。

自涉足ICT零組件貿易，力臻企業即致力拓展國際市場。目前，力臻企業的整體營收，台灣客戶、國際客戶約各貢獻50%，國際客戶多來自中國、韓國、美國、澳洲、新加坡等國家。

靈活應用外部資源翹楚

員工人數雖尚不滿100人，但力臻企業憑藉著靈活的營運策略，在ICT產業中，爭得方寸空間。例如，力臻企業最知名的商品——震動馬達，主要經由盟訊實業、環鴻科技等知名廠做OEM、ODM，間接客戶對象包括美國德州儀器（Texas Instrument，TI）、摩托羅拉（Motorola）與荷蘭飛利

浦（Philips），Honeywell等。力臻企業亦雨露均霑，在國際
大廠供應鏈卡得一席之位。

　　而在台灣眾多中小企業裡，力臻企業堪稱運用外部資源
的翹楚，技術研發夥伴除了工研院、偉詮電，還有大同大學
與韓國企業。劉秋漢不諱言，力臻企業不僅內建研發部門，
更以特約的方式，商請多位電子大廠員工，利用個人多年工
作經驗，開發軟硬體、繪製電路圖，藉此壯大研發能量。

　　筆記型電腦電池組為力臻企業另一生命線，其側重於售
後維修市場（after market）。原因在於，一般筆記型電腦電
池壽命約2年，至多不超過3年；而電池壽終正寢後，使用
者多半選擇更換電池，而非重新購買筆記型電腦。筆記型電
腦電池售後維修市場競爭激烈程度，不下於原廠市場；但力
臻企業卻能殺出重圍，在此立穩腳跟。

　　總部設於台北市北投區的力臻企業，研發、生產基地皆
位於新北市淡水區；在可見的未來，並無外移計畫。其實，
在2007年時，力臻企業曾與其他台商，共同投資中國廣東
省惠州市一家工廠；只是，此家工廠產品品質、良率，遲遲
未見改善。到了2008年，劉秋漢毅然中止此投資計畫，轉
而在深圳市成立子公司。

專攻工業、軍事等市場

　　深圳市子公司方便力臻企業台灣接單、中國出貨，強化三角貿易的優勢與靈活度，更利於其從中國進口原物料，與開拓中國市場。但力臻企業並不盲目衝刺客戶數量，現只挑選與國際大企業往來，如美商奇異公司（General Electric Company，GE）等；劉秋漢自豪地說：「運用企業優勢填補老外的需求」。

　　在ICT產業，力臻企業向來以量少、價高、品項多元著稱，專攻利基市場，戮力精進產品品質，以期通過工業、醫療、軍事用產品的高門檻，以高品質創造高利潤。因此，力臻企業超過80%的產品，皆為客製化生產。

　　「對客戶的客製化要求，力臻企業皆竭盡所能地全力配合。」劉秋漢分析，力臻企業的競爭優勢在於，穩定的品質、技術能力超群、合作模式彈性大，客戶只需提供些許的材料費、測試費，即可為客戶開發模具、試作樣品，為客戶節省可觀的時間、經費。

　　近年來，為在物聯網狂潮中奪得先機，力臻企業傾注人力、物力，研發智能水表、智能油表、智能瓦斯表。其中，力臻企業已與中華電信結盟，在桃園市、高雄市、嘉義市

等，與多家在地瓦斯公司合作，著手佈建智能瓦斯表；此產品更已獲一家澳洲企業青睞，可望成為力臻企業產品線中的新王牌。

隨綠能產業勃興而壯大

諸多火災肇因於屋主離家時，忘記正在燒水、煮菜；居家裝設智能瓦斯表後，記性不佳的屋主縱使出門，不必再提心吊膽，只要檢視智慧型手機上的應用程式（APP），就可確認家中瓦斯開關情形。倘若，屋主發現瓦斯真的沒關，透過應用程式，可立即遙控關上瓦斯，瓦斯公司亦可局部或全面性的截斷瓦斯，避免祝融肆虐。

智能水表、智能油表原理及功能，與智能瓦斯表相仿，將可成為自來水公司、石油公司、瓦斯公司降低營運成本的利器。

在可見的未來，力臻企業預計鎖定北美洲，作為智慧油表的主要市場。劉秋漢評估，在眾多產油國中，美國產油量長年名列前茅，且最易接納創新科技產品，當是智慧油表耕耘國際市場的最佳首站；若從空中鳥瞰美國產油州，可見大小不一的油槽星羅密布，全美油槽總數超過4萬個，1個油

槽應安裝1至4個智慧油表，潛在商機相當豐厚。

　　「油槽若安裝智慧油表，便可精準確認油槽的正確儲油量，不必再憑經驗推估。」劉秋漢樂觀地說，智慧油表可提醒油槽管理者，何時應補充儲油，有助於增益油槽的管理效率、品質，並降低油品不必要的浪費。

　　展望未來，劉秋漢對力臻企業前景甚為樂觀，更相信隨著綠能產業勃興，智能水表、智能油表、智能瓦斯表出貨量亦將水漲船高，成為力臻企業再上層樓的新契機。

力臻企業小檔案：

創立：1995 年

董事長：劉秋漢

產業別：電腦、電子零組件、智能水表、智能油表、智能瓦斯表

地點：台北市北投區

海外據點：中國

企業策略：從貿易起家，併購工廠以掌控品質，配合國際大廠，進軍國際市場，主打軍事、工業、醫療等利基市場，以高品質創造高利潤，並靈活運用外部資源，以強化企業競爭力。

4 | 螞蟻雄兵盈昌事業 縱橫自行車零組件國際市場

　　台灣被譽為自行車王國，但支撐起台灣自行車產業版圖的，不只巨大、美利達等巨擘，還有盈昌事業等中小企業；這些中小企業多為自行車零組件商，其如螞蟻雄兵般，縱橫國際市場，創造可觀的就業機會、經濟產值。

　　成立於1996年的盈昌事業，主力產品為自行車的車把、立管與菜籃，國際客戶遍及全球各大洲，並於中國廣東省惠州市創辦崇鑫金屬，負責生產低階、低價、訂單數量較大的產品，而台灣廠專事生產技術層次較高的產品。

兩代分別坐鎮兩岸

　　自21世紀初以降，台灣掀起騎自行車的風潮，迄今仍方興未艾。但盈昌事業第2代經營者、經理李昆益直言，台灣市場不大，且消費者重複購買的需求不高，故盈昌事業從創業初期起，便鎖定主攻國際市場。

　　盈昌事業歷史僅 10 餘年,李昆益的父執輩投身自行車相關產業,卻已超過 40 年。在 20 世紀末,李昆益家族即已前往中國上海市投資,最後因管理不到位,且缺乏上下游供應鏈奧援,導致產品良率欠佳;加上進入 21 世紀後,中國工資節節上漲,勞工素質、態度仍遠不如台灣,以失敗告終。

　　在家族事業分家後,盈昌事業考量台灣缺工問題,短時間內無解,倚賴大量人工生產的產品,仍得在中國設立生產基地,遂選擇在惠州市建廠。目前,崇鑫金屬由李昆益的父親、盈昌事業董事長親自坐鎮,李昆益的母親協同管理,並無其他台幹。

　　「與上海市不同的是,惠州市鄰近深圳市。深圳市自行車產業供應商較多,崇鑫金屬可較迅速找到配合廠商。」李昆益分析,台灣經濟最大的優勢,在於擁有多個產業聚落;以盈昌事業台灣廠為例,在方圓 10 公里內,就可找到各式自行車產業協力廠商,包括材料商、加工商、表面處理商等。

台灣保有技術優勢

　　然而，中國幅員廣大，協力廠商距離較遠；有時，盈昌事業為了補足一道工序的缺失，就得曠日廢時。假設，客戶下訂1000件產品，為保險起見，盈昌事業將生產1020件，實際出貨時，若發現良品僅有980件，台灣廠可迅速補齊缺件，而在中國，因自行車產業供應鏈仍不夠完整，常得耗費一整個工作天，方可補齊。

　　除此，在自行車產業，台灣仍保有技術優勢，如熱處理、抽管等技術。李昆益解釋，單論自行車龍頭製造，因中心處需支撐兩端的施力，應厚於龍頭兩端；若廠商技術能力不足，整支自行車龍頭將厚度齊一，反而浪費材料。

　　由於中鋼鋼價居高不下，台灣政府又限制從中國進口管材；因此，盈昌事業只從崇鑫金屬回購半成品、成品。無論盈昌事業、崇鑫金屬，大多就近採用當地的原物料；但若台灣原物料價格較高，盈昌事業仍選擇從中國進口。

　　因為無法確切掌控國際客戶動態，加上曾被倒過帳，無論是盈昌事業第1代、第2代經營者，皆選擇經由貿易商，將產品行銷至國際市場。不過，隨著時移勢遷，此法已無法迅速確認客戶所有需求；李昆益接班後，若是產品設計委託

案,則直接與客戶對口,並親自拜訪客戶,與他們面對面溝通,強化彼此合作關係。

分散客戶以避風險

再者,盈昌事業亦透過與自行車組車廠合作,開發新客戶。李昆益分析,在自行車組車時,車把、立管是不可或缺的零組件;藉著與自行車組車廠共同研發車把、立管,盈昌事業亦順勢打入自行車組車廠的供應鏈,擴大客戶群。

經過多年的努力,盈昌事業客戶已遍及美國、日本,與歐洲諸國。李昆益觀察,各國客戶重點不一,美國客戶在意產品價格,日本客戶挑剔產品品質,歐洲客戶首重產品的多樣性;而美國市場雖大,卻易陷入價格戰,歐洲各國需求雖不同,卻屬利基市場,是盈昌事業的重點市場。

今日,MIT(made in Taiwan,台灣製造)的能力、品質,已普獲國際肯定。雖然,台灣產品品質、評價,尚不及日本產品,但因價格較為低廉,常被視為日本產品的替代品;李昆益透露,偶而會有美國、歐洲客戶以日本產品為樣品,請盈昌事業試作產品,若產品品質合乎其需求,就可獲得新訂單。

「先前，盈昌事業一項產品，某家客戶占比超過70%。在不斷找尋新客戶後，其占比才降至30%。」李昆益解釋，盈昌事業不敢「將雞蛋放在同一個籃子裡」，努力分散客戶，降低對少數客戶的依賴，方可降低營運風險。

研發中心留在台灣

雖在中國設立生產線，但李昆益堅持，將盈昌事業的研發中心留在台灣。他略帶無奈地說，曾在中國培育可製圖的員工，待其可參與研發作業時，卻逐月要求加薪，若無法滿足其期待，便立即跳槽；此後，崇鑫金屬不再設置研發人員，以避免重蹈覆轍。

目前，盈昌事業研發人員約2至3人，多半與客戶攜手共同研發，研發時程從2星期到4個月不等；其流程為，由客戶提出想法，再交由盈昌事業研發人員進行設計、製圖，如果有改善意見，將適時回饋給客戶，以期完全落實客戶的創意。

盈昌事業小檔案：

創立：1996年

負責人：李昆益

產業別：自行車零組件

地點：彰化縣埔鹽鄉

海外據點；中國

員工人數：約130人（台灣、中國合計）

企業策略：台灣廠保有生產、研發能力，將低階、低價、訂單數量較大的產品，移往中國分公司崇鑫金屬生產，透過貿易商，將產品出口至世界各國，以降低風險；若是產品設計委託案，則親自拜訪客戶，並與客戶共同進行研發，實踐客戶的創意。

5 ｜ 深諳愛才、留才之道 三沅興業深耕中國大陸

　　近年來，眾多台灣製造業業者將生產基地，從中國大陸
移往工資更低廉的東南亞國家，甚至南亞、非洲國家。只
是，當企業發展遭遇瓶頸時，遷移生產基地，並非應變的唯
一選項；三沅興業繼續深耕中國大陸市場，亦成功扶大廈於
既傾，再度步上坦途。

　　三沅興業創立於1975年成立於臺中，前身是全銷公
司，整合各廠區及新設幼兒園等後，設立新公司——三沅興
業，主力業務初期為雨衣代工，隨著時移勢遷，現已轉換為
生產歐美、日本、中國大陸當地品牌，包含風衣、雪衣、夾
克，與防寒、防雨的透氣服等成衣；其於1991年，將生產
線遷移至中國大陸廣東省惠州市惠陽區，之後又在河南省增
設生產線，員工總數現約1500人。

被迫順應成衣業外移趨勢

在雨衣代工時期，三沅興業主要客戶為台灣大型企業。當其雨衣產量節節高升後，國際貿易商便直接向三沅興業下單，三沅興業就此與國際市場貿易商接軌，逐步涉足成衣市場。

進入20世紀80年代，台灣人力成本不斷飆漲；由於中國大陸產製的成衣，價格遠比台灣製產品低廉，國際客戶遂紛紛轉單，逼使台灣成衣業者紛紛西進。三沅興業總經理林秋霖回憶，此時三沅興業為增加企業營運分散，轉投資陶瓷衛浴產品，但隔行如隔山，非但未開創新天地，反倒造成更鉅額的損失，不得不順應成衣業生產線外移的大趨勢。

1991年，身為「外省第2代」的林秋霖，前往父親的故鄉——中國大陸廣東省梅州探親；在親戚的協助下，三沅興業嘗試在惠州市建立新的生產線。在中國大陸設點，林秋霖如履薄冰、步步小心，先承租廠房，接著招募員工，並從台灣派遣幹部負責培訓；惠州廠的訂單，亦由台灣廠代為接洽。

「除此，三沅興業更與在地企業合作，以期將風險降至最低。」林秋霖解釋，中國大陸、台灣環境大不相同，當三

沅興業在惠州市遭遇問題，合作的企業皆協助解決，「但雙
方合作方式，並非讓內地企業參與管理三沅興業惠州廠，而
是每年繳納規費。如此，三沅興業終在當地站穩腳跟。」

企業總部搬遷至惠州廠

　　將生產、研發能量全數移至中國大陸後，有鑑於成衣產
業難以高度自動化，屬勞力密集產業，為了方便、有效管
理，三沅興業決定將企業總部搬遷至惠州廠，台灣廠業務轉
為資金控管、原物料採購。目前，三沅興業中國大陸各廠的
原物料需求，由日本、美國、歐洲、台灣及當地廠供應。

　　林秋霖指出，因三沅興業各廠房距離遙遠，故採取統一
行政管理，所有廠房的幹部，皆由惠州廠指派；而技術門檻
較高的產品，由惠州廠負責開發，待生產技術成熟後，再移
轉至其他廠房。

　　「早年，三沅興業生產的產品如雨衣，技術門檻甚低。」
林秋霖指出，為強化市場競爭力、不可取代性，自1997年
起，三沅興業逐步跨足較困難的防水功能雨衣，漸次抬高技
術門檻；到了2000年，三沅興業進階生產雪地工作服與防
水、透氣的雪衣，一件衣服的製作工序，最多高達400道，

已躋身為成衣製造技術的領導者之一。

　　三沅興業得以技術升級，契機源自於為歐洲品牌商代工。原本，雪地工作服與防水、透氣的雪衣皆在歐美生產，但隨著歐美生產成本激增，品牌商意欲將生產線外移；三沅興業透過國際貿易商牽線，取得與歐洲品牌商合作的機會，從技術層次較低的產品摸索起，憑毅力突破種種難關，終於研發出產製高階成衣產品的技術。

國際貿易商大幅轉單越南

　　然而，中國大陸經濟崛起後，亦帶動工資持續調升，不僅製造業生產成本不斷上漲，產品價格亦水漲船高，所以開始往內陸河南、重慶、梅州開設分廠。在三沅興業河南廠啟用後不久，基於成本考量，高達約7成的客戶將訂單移轉至越南，劇烈衝擊河南廠之營運。

　　幸而，拜中國大陸民眾消費力、消費慾望大增之賜，成衣品牌亦如雨後春筍般湧現。由於當地品牌商技術能力不足，無法生產高階產品，三沅興業經由各原料廠商的引薦，獲得多家品牌商的青睞；適時補進中國大陸客戶，填補三沅興業國際客戶流失的缺口，終可抵擋轉單效應的衝擊。

　　危機亦是轉機，轉機總蘊含商機。在國際貿易商轉單越南之前，三沅興業若直接與國際品牌商接觸，必遭國際貿易商抽單報復；但國際貿易商基於生存條件轉戰東南亞，因此三沅借此開始直接對國外品牌商爭取訂單，三沅興業非中國大陸貿易獲利率遠勝昔日，亦部分抵銷當地生產成本翻漲的壓力。

　　無論是開發國際客戶，或中國大陸客戶，長期合作的原料廠，向是三沅興業的最佳助拳人。助拳的主要方式為，因原料廠常態性參與各式會展，當成衣廠與原料廠洽談原物料買賣事宜時，通常亦連帶諮詢原料廠，可否建議值得信任、品質精良的代工廠；此時，原料廠便會向成衣廠引介三沅興業，為三沅興業帶來新客戶。

規畫夫妻房留下優秀員工

　　禮尚往來、有恩還恩，當客戶諮詢三沅興業，哪家原料廠的原物料最佳，三沅興業不假他想，力薦長期合作的原料廠。水幫魚，魚亦幫水，三沅興業與長期合作的原料廠相互幫襯，共生、共榮，為三沅興業引進為數可觀的新客戶。

　　衣不如新，人不如故；三沅興業愛才、留才之道，堪稱

海外台商典範。惠州廠成立伊始，三沅興業多從台灣廠選派幹部，但深耕中國大陸市場後，逐年提高在地幹部比例，落實在地化管理，設立宏星製衣公司，擁有15至30年技術經驗的幹部；而在興建員工宿舍時，也特別規畫359間夫妻房，供高階幹部闔家居住，保有其完整、美滿的家庭生活，令其工作時無後顧之憂。

林秋霖說，自己出生農家、赤腳上學，生活艱苦、學費必須賣冰棒賺取，連高中也只能半工半讀，選擇夜校就讀。也因為自己苦出身，特別能將心比心，也很感念所有員工的投入。

他也強調，三沅興業少量又複雜的產品，雖不易被複製與模仿，但面對人才培育及中國大陸人才市場容易被挖角等問題，林秋霖透過宗教精神等方式，傳達對人性的深思、穩定經營基礎與幹部培訓方針等等，經過多年的引導，協助各級幹部共同遵循並展現成效。

三沅興業小檔案：

創立：1975年

總經理：林秋霖

產業別：高級成衣系統

地點：臺中縣、苗栗縣公館鄉及西湖鄉

海外據點：中國大陸

員工數：約1,500人

企業策略：區域以惠州為總部培養技術人才，再向內陸開分廠；產品做最困難、技術含量最高、數量又小，別人不容易做的訂單；留才提供所有工人夫妻房免費吃住、留住技術工人；策盟當地品牌商戰略合作，目標做全能全世界代工專業工廠；宗旨運用學習宗教心得，創立神、人、合一範例。

6 | 和盈彩色印刷紙品多難興邦
屢仆屢起打造紙品加工王國

　　成功的路上並不擁擠，因為堅持到底的人不多。大多數台灣中小企業，都如《西遊記》中的唐三藏師徒般，歷經多番苦難、挑戰，才能堅忍存活下來，並持續壯大；專事紙品生產、加工的和盈彩色印刷紙品，堪稱中小企業變形蟲特質的典範。

　　和盈彩色印刷紙品創辦人暨總經理陳正和，因自家經營活版印刷事業，耳濡目染之下，嫻熟相關技術。國中畢業後，他負笈高雄市學習彩色印刷技術，再前往台中市一家彩印廠任職，一路當到廠長；1994年，這家彩印廠在中國廣東省東莞市設廠，他被指派為副總經理，就此展開旅外生涯。

創業歷程曲折艱辛

　　1999年，因企業主積欠薪酬，陳正和決意離職，與一

位客戶合夥創業；2003年，因股東間發生爭執，他掛冠而
去。2004年，他再與一位燈飾貿易企業主共同投資彩印事
業，2年後，公司轉虧為盈，對方卻要求獨自經營，他被迫
選擇退股。2006年，他集資創立和盈彩色印刷紙品，苦難
卻尚未終結。

　　經業界朋友大力支持接獲鞋業及電子產品之訂單，和盈
彩色印刷紙品營業後不久，即獲利豐厚；之後，更將產品品
項擴及紙箱、說明書、展示架、聖誕燈包材、嬰兒車包材
等。陳正和亦逐步收購股份，現已握有70%股權。

　　2008年，全球金融海嘯劇烈衝擊各產業，加上中國舉
辦北京奧運，導致原物料價格飆漲，和盈彩色印刷紙品虧損
達800萬人民幣。陳正和毅然壯士斷腕，先縮減企業規模，
將員工數從300多人裁至約120人，再出售部分機器、設
備，勉力求生存。

　　到了2010年，和盈彩色印刷紙品營運終於回穩。此
時，在一位股東提議下，和盈彩色印刷紙品與他旗下一家企
業合併，由他負責財務，陳正和總理廠務、業務。沒想到，
該股東用意不善，合併案僅5個月即破局；陳正和接受異常
苛刻的條件，才買回所有機器，並花了4年時間償債，才讓
企業回歸正軌。

自動化以提升量能

先前，中國彩色印刷量能不高，和盈彩色印刷紙品產品供不應求，現因利潤下修，原本尚有的其他競爭者，也先後退出紙品市場；當下，和盈彩色印刷紙品的主力產品為聖誕燈包材，年營業額約1,000多萬美元，約占總營業額的70%。

紙品產業淡、旺季分明，每年3到7月為旺季，其他月份則是淡季。每逢淡季，和盈彩色印刷紙品因應之道為，維持約25%人力於生產線，其他員工則給予底薪，並安排休假，若員工辭職回鄉幫忙農事，亦不慰留。

近年來，中國勞工薪資持續上漲，陳正和為降低生產成本，並提升量能、產品品質，大舉採購自動化生產設備，接手印刷、軋盒、裱紙、糊盒等工序；僅在每年春節前後，招募臨時工，以補旺季低階勞工之不足。

人事成本低於10%

印刷機主要購自於德國、日本等國，因其使用年限長達50年，和盈彩色印刷紙品大多購買啟用未滿10年的機台，其他機器則向在中國的台資設備廠採購。因主要製程皆已

自動化，在和盈彩色印刷紙品的成本結構中，原物料約占55%，其他物料約占10%，人事成本現已低於10%。

與同業相較，和盈彩色印刷紙品的薪酬較高，勞工除了底薪，還有論件計酬的津貼。重賞之下必有勇夫，其產能效率超越同業逾2倍；每120名員工的產能，同業約為人民幣400萬元，但和盈彩色印刷紙品卻高達人民幣900萬元。

紙品產業技術門檻不高，但和盈彩色印刷紙品因生產成本較低，加上售前、售後服務完善，如在出貨完成後，客戶若發現數量不足，即無條件補齊；因此，其客戶忠誠度甚高。縱使內部員工離職，並創立紙品企業，亦難與之抗衡。

自前幾年起，中國政府大幅提高環保標準，並嚴格執行稽核，若干輕忽環保的台商有苦難言，並付出高昂的代價。陳正和指出，在和盈彩色印刷紙品建廠時，已特別著重污染處理設備，更在2012年，被東莞市政府抽中，連續3年監測工廠環保品質，終於在2016年取得環保認證；於是，絲毫不受影響。

隨客戶南進柬埔寨

除此，中國政府更嚴格調控傳統產業產能，造成全球原

料紙價格上漲。和盈彩色印刷紙品一方面對長期合作的上游
紙廠動之以情，協調壓低價格漲幅，另一方面，提高原料紙
庫存量，以期將影響降至最低。

　　受中國工資節節高漲所累，加上陳正和堅持收款採境外
交易，以港幣計價，晚近亦飽受匯率震盪之苦，企業營運日
益艱辛。隨著聖誕燈包材客戶的腳步，和盈彩色印刷紙品計
畫將80%的產能，移往柬埔寨；柬埔寨廠的營業項目，將
先以印刷後的後端加工為主，預計於當地招募200名員工，
並由東莞廠派遣技術工支援，機器、設備亦由東莞廠往南
送。

　　「在柬埔寨建廠，除了鄰近最大客戶，柬埔寨勞工薪資
低廉，原物料可從中國經海、陸運抵，將可再次降低生產成
本，增進國際競爭力。」陳正和直言，台資製造業生產基地
從中國遷徙至東南亞國家，幾乎已是不可逆的趨勢，和盈彩
色印刷紙品自順潮流而行。

　　陳正和充滿信心地說，柬埔寨現雖有諸多傳統產業工
廠，但既缺彩印廠，亦無外箱廠，和盈彩色印刷紙品柬埔寨
廠可確保包裝業務訂單無虞，加上柬埔寨政府給予3年進出
口免稅優惠，應可迅速成為企業主要生產基地。

分紅留住優秀幹部

　　未來，陳正和將加緊訓練女兒和重要幹部接班，東莞廠更將提撥20%股份，作為幹部分紅，讓幹部薪資與公司獲利相聯結，以因應中國薪資持續上漲，並留住優秀人才，激勵幹部精益求精，並淘汰表現欠佳者，進一步強化企業體質！

和盈彩色印刷紙品小檔案：

創立：2006年

創辦人暨總經理：陳正和

產業別：紙品

地點：中國廣東省東莞市

海外據點：柬埔寨

企業策略：根據產業淡、旺季，調整生產線人力，大舉添購自動化生產設備，以降低人事成本，提供客戶完善售前、售後服務，增進其忠誠度。跟隨主要客戶的腳步，順應中國台資製造業南遷趨勢，前往柬埔寨設廠。

7 | 在紅海中尋訪小藍海　迪樂科技集團躋身國際大廠供應鏈

　　若以船舶比喻企業，中小企業猶如中小型船舶，當其深入大藍海洋時，在驚喜發現新漁場後，隨之而來的將是驚恐、怖懼；因為，縱使漁獲豐厚，卻可能無力回航，又無其他船隻可搭救，終將淪為無盡漂流的幽靈船。

　　探索大藍海，可能是如航空母艦般企業巨擘的專利，中小企業應尋訪紅海中的小藍海，方能穩中求勝，蓄積茁壯為大企業的能量。專攻紙塑環保包裝產品設計、製造的迪樂科技集團，從環保餐盒跨足3C資訊產品包裝，成功躋身國際大廠供應鏈，即是在紅海中發現小藍海的成功案例。

旗下企業分布中國南北

　　目前，迪樂科技集團旗下企業，包括位於中國上海市的誠宗環保科技、爵毅金屬切銷科技，與成立於江蘇常州市的誠鑫環保科技，與設址於廣東佛山市的美萬邦科技，及座落

於遼寧省丹東市的銘程環保製品,甫於2017年6月在臺北創立的綠地藍天科技。

　　各企業的定位不同,串起集團的一條龍服務網。誠宗環保科技扮演迪樂科技集團的營運、設計與財務中心,爵毅金屬切銷科技與誠鑫環保科技為設備廠,美萬邦科技為模具廠,綠地藍天科技為紙塑環保產品研發,銘程環保製品則是紙塑杯蓋、餐盒、餐盤包裝廠。

　　自成大機械系畢業後,迪樂科技集團創辦人暨董事長賴宗伸進入鋼構廠任職,後跳槽至營造業,更返回故鄉宜蘭縣,經營建設公司。因宜蘭縣成長空間有限,以登上世界舞台為職志的他,決定西進中國創業;20世紀末,中國國務院開始施行環保政策,如禁止在火車站等公共場合,以保麗龍碗食用方便麵(即泡麵),他遂以環保餐盒、餐盤,作為企業主力產品。

　　2000年,賴宗伸在上海市,成立誠品環保製品,並陸續創辦其他公司,2008年創立丹東銘程環保製品公司,專業生產和銷售紙漿模塑產品,2014年成立佛山美萬邦,負責高精端紙塑生產模具的研發與製造;到了2015年,更籌組 Deluxe Cayman 控股的誠宗環保科技公司,統籌集團內上、中、下游企業發展與分工合作。

受惠台灣限用塑膠政策

在中國國務院頒布環保禁令後，受衝擊最大者，自是在方便麵市場市占率合計近60%的台資企業康師傅、統一企業。於是，康師傅、統一企業與誠品環保製品約定，由誠品環保製品建廠，生產紙塑餐具，2家企業將承購所有產品，以取代保麗龍碗。

從誠品環保製品到誠宗環保科技，共花了5年的時間，於2005年建成示範工廠；且一邊建廠，一邊積極投產。但計畫趕不上變化，國務院環保禁令並未嚴格執行，方便麵大廠亦未淘汰保麗龍碗，導致誠宗環保科技紙塑餐具銷售無門，只得另覓客源。

天無絕人之路，此時台灣政府正大力推動限用塑膠政策，誠宗環保科技紙塑餐具回銷台灣，仍供不應求，還得委託中國17家工廠代工，方能因應蜂擁而至的訂單，業績相當紅火，為迪樂科技集團發展，奠定了深厚、紮實的基礎。

只是，好景不常，2003年時，東亞國家包括台灣，爆發嚴重的SARS疫情，許多民眾暫不外食，餐廳、小吃店門可羅雀，先前已大幅擴充產能的誠宗環保科技，再度遭逢大量產品滯銷的危機。

跨足 3C 資訊產品包裝

　　賴宗伸評估，紙塑餐具訂單數量雖龐大，但因仿製頗易，利潤難以拉抬；為降低企業營運風險，應另行開發紙塑產品新的應用市場。最後，他選擇切入單品利潤、技術門檻皆較高的 3C 資訊產品包裝領域，亦如願創造企業新高峰。

　　「3C 資訊產品價格不斐，對包裝的品質要求，遠比餐具嚴謹。」賴宗伸說明，3C 資訊產品包裝需通過掉落測試，1 角（包裝的任一角）、3 稜（任一角的 3 邊稜線）、6 面（包裝的正面、背面、左側、右側、上面、下面）都得經掃描檢測合格，確保手機、平板電腦、筆記型電腦等 3C 資訊產品在運送時，不受損傷。

　　誠宗環保科技首筆 3C 資訊產品包裝訂單，來自日本大商社 SONY，包裝產品為 PS3 遊戲機，每月包裝數量高達 200 萬台。值得一提的是，誠宗環保科技獲得「SONY 綠色夥伴」（SONY Green Partner）認證，為 PS3 遊戲機全球唯一合格的包裝供應商；SONY 更要求組裝 PS3 遊戲機的和碩、富士康，向誠宗環保科技購買紙箱。

　　接著，誠宗環保科技又先後取得 Dell、HP、聯想等知名品牌筆記型電腦商內緩衝包材的訂單，全球市占率達 30%，堪稱企業發展史的里程碑。

獲手機大廠內緩衝材認證

2008年，誠宗環保科技成功開發出紙塑拔模角小於1.5度的技術，堪稱技術上的一大突破，以此可生產精密度更高、可取代塑膠包材的產品，拉開與競爭對手的差距。拔模角指塑膠製品在成型、冷卻後，利用頂出銷，即可輕易脫離模具的設計；當時，其他企業的技術，拔模角必須大於7度，若小於7度，產品良率將大幅下滑。

2015年，迪樂科技集團取得手機巨擘內緩衝材認證，帶動其他品牌手機廠商，跟進成為客戶；現更已完成集團內的垂直整合，可提供一條龍式服務，不僅能供應紙張原料、產品設計、生產設備，亦可代為開發模具、產品出品，完全不假他手，且富調整彈性。

隨著世界各國環保法規日趨嚴謹，紙塑包材市占率可望繼續成長。迪樂科技集團的紙塑包材，優點為包裝一體成型，不僅防水、防油，且對環境友善，在土壤中，最多10個月，即可完全分解，且其表面處理光滑、平整，不必額外以膠黏附，可同時節省工序、人工。

然而，迪樂科技集團現已將營運重心，移至設備製造與模具設計、生產，成為數家大型上市、準上市包裝公司的供應商，業績約占營收的80%。賴宗伸直言，國際級手機大廠

包裝數量龐大，多將訂單委託上市、準上市包裝公司，迪樂科技集團轉換角色，仍可分霑利潤。

計畫至美國、越南設廠

目前，在模具、造紙、機器設備等 3 大領域，迪樂科技集團皆建置研發團隊。其研發的成型機，可一面吸漿、一面乾燥，性能較其他廠的機器更卓越；其研發的複瓦機，可在低溫、常壓（攝氏 60 度、1 大氣壓）下，完成紙箱瓦楞紙貼合，且無需鍋爐，產品無排骨紋，既環保、節能，產品品質亦更佳，已與中國嬰幼兒產品最大包裝廠、位於廈門市的合興包裝印刷，合作打造第 1 條示範生產線。

不過，賴宗伸指出，員工敬業態度仍有待改進，且缺工問題日益嚴重，加上中國金融業資金借貸限制繁多，皆是迪樂科技集團日後發展的障礙。今日，迪樂科技集團周轉資金，約 90% 為自有資金，僅少部分為當地借貸資金。

為突破上述障礙，在可見的未來，迪樂科技集團計畫回台上市，以解決資金缺口，亦將跟隨主要客戶的腳步，前往越南、美國設廠，以期繼續擴大國際市場。

迪樂科技集團小檔案：

創立：1999年

創辦人暨董事長：賴宗伸

產業別：餐具、3C資訊產品包裝

地點：台北市大安區

海外據點：中國

企業策略：從環保餐盒跨足3C資訊產品包裝，打入國際大廠供應鏈，積極研發相關技術，並建立一條龍服務網。

8 服務化、科技化、特色化
元駿國際產品行銷各大洲

　　企業若欲永續經營，國際化是最佳途徑之一。鎢鋼銑刀、高速鋼銑刀專業製造商、代理商元駿國際，雖屬傳統產業，但憑著服務化、科技化、特色化，依然可笑傲國際市場。

　　創立於1995年的元駿國際，主力產品為各式刀具、配件，除了自有品牌LV，還代理德國、日本、澳洲與台灣各大知名品牌刀具與配件，以滿足不同客戶群的需求。除了台灣市場，元駿國際生產、代理的產品，亦已行銷至中國、東南亞國家，與歐洲、非洲、南美洲諸國。

台灣刀具產業中流砥柱

　　元駿國際董事長吳榮燦原為刀具公司職員，任職約10年後，於1995年創辦元駿國際，專業設計與製造精密鎢鋼銑刀，及各式鎢鋼切削刀具，躍居台灣刀具產業的中流砥

柱。

　元駿國際成立後2年，即1997年，中國刀具產業剛萌芽，因尚未獲德國、日本刀具大廠信任，遂轉向台灣、香港代理商購置刀具、配件；元駿國際亦雨露均霑，業績蒸蒸日上。

　然好景不常，隨著中國刀具產業與德國、日本刀具大廠建立直接供輸管道，加上台灣製造業大舉外移，台灣刀具、配件銷售量直線下滑，且元駿國際不斷遭國際客戶銷價，利潤逐年遞減。

跨足產業鏈上游求生存

　為撙節人事成本，元駿國際在刀具、配件製程中，大量採用機械手臂。憑藉以自有品牌產品為主、代理品牌產品為輔，元駿國際終於振衰起敝，再度步入坦途。

　「配合不同國家、規模客戶的需求，無論低階、中階、高階產品，元駿國際皆有生產。」吳榮燦分析，在國際市場，台灣刀具企業最大競爭敵手，早已是企圖心強大的中國企業，但中國刀具企業雖大量添購歐洲、日本高性能的新型機器，但因員工素質參差不齊，僅能生產低階、中階產品，

再以低價策略搶市,「大多數國際客戶皆深知,台灣刀具、配件的品質,勝出中國產品一截。」

在刀具、配件生產流程,機械手臂雖可取代部分人工,但機器操控、溫度調節等環節,仍得倚賴經驗豐富的資深員工操作。吳榮燦強調,刀具產業產品創新、變化空間不大,品質良莠決定於冶煉的溫度,而此正是中國競爭對手無法超越元駿國際的關鍵因素。

與優質經銷商長期合作

除了繼續深耕台灣市場,元駿國際傾全力開拓國際市場。目前,其主要市場為中國,次要市場遍及各大洲,包括泰國、馬來西亞等東南亞國家,與印度、土耳其、巴西、西班牙、葡萄牙、義大利、俄羅斯、南非、美國等國,業績相當平穩;最新接觸的市場,則為伊朗、巴基斯坦。

「元駿國際與諸多客戶,皆維持長期、深厚的信任關係。台灣客戶縱使外移至其他國家,依然是元駿國際的客戶。」吳榮燦透露,因產量、人力有限,元駿國際搶灘一個國家市場時,選擇與一家可信任的經銷商長期合作,省去自行設立據點的龐大費用。

中國則是例外，元駿國際在華東地區、華南地區，各設置1個銷售據點；在其他省分，則將刀具、配件交割給經銷商販售。

台灣企業遭中國客戶詐騙事件頻傳，迄今仍層出不窮。因此，對其他國家客戶，元駿國際允許其電匯付款（Telegraphic Transfer，T/T），但限制中國客戶僅能現金付款；因僅能現金付款，即可抑制其訂單金額，以降低風險。

現審慎評估到越南設廠

然而，自2013年以降，諸多客戶周轉困難，導致元駿國際收帳日益困難，且愈來愈多中國客戶轉向購買德國、日本的產品，迫使吳榮燦漸次縮減中國市場在整體國際市場的比重，在全盛時期，元駿國際在中國的經銷商超過80個，現僅剩20多個，俱是合作逾10年的經銷商。

2014年底元駿國際在台中工業園區設置新廠，大筆投入資金添購德國、澳洲及日本等知名CNC磨床設備，以製作高精度的產品，同時進口鎢鋼圓棒、設立了塗層部門及配備鍍膜機，以嚴格的品質控管及提升產能的目標，使每一支元駿銑刀都能完全滿足客戶的期待，並建立長久合作關係。

　　分散客戶以避險,更是元駿國際持盈保泰的關鍵。曾有客戶因規模、業績持續成長,對刀具、配件需求量激增,要求元駿國際提高供應量;但吳榮燦堅持,不將產能押注在特定客戶上,故予以婉拒。

　　與其他製造業相較,刀具產業自動化程度甚高,不需大量人力。因此,元駿國際生產基地皆位於台灣,先前並無到其他國家設廠的計畫;縱使諸多台灣刀具、配件企業,前仆後繼將生產基地西移中國,元駿國際從未曾動搖。

　　吳榮燦直言,元駿國際規模不大,若貿然在中國設廠,管理恐鞭長莫及,無異自尋煩惱,「廠房興建與日後營運成本,可能遠高於運費、關稅。」

　　「單是將刀具、配件銷售至中國,仿冒品、山寨品即層出不窮,若到中國設廠,技術難逃被全盤抄襲。」吳榮燦感嘆地說,在中國東莞市、深圳市等城市,刀具產業從業者的薪資,已超越台灣,成本反而更高,若前往二、三級城市設廠,雖然工資低於台灣,卻不易招募高素質的員工。

　　不過,歷經在台多年的耕耘,LV刀具已被廣泛應用於模具製造、汽車工業、航太製造業、電子、各式機械零組件等各大領域,客戶群遍布中國、日本、馬來西亞、泰國、中東、南非、匈牙利、土耳其、俄羅斯等40餘國,儼然成為

台灣最大的銑刀製造商之一，並且累積了豐富的製造技術與行銷經驗。

　　但近年來，元駿國際在越南的代理商，不斷陳說到越南設廠的優點，吳榮燦正審慎評估中。他觀察，當今的越南猶如10多年前的中國，刀具、配件訂單金額快速飆升，發展潛力在全球名列前茅；且越南與中國接壤，投資環境尚稱良好，利於召募中國幹部、員工，設廠當有助於掌握商機。

　　面對未來市場計畫，吳榮燦表示，無論新設廠房的位置，未來都將持續專注於研發與創新精密高效的新產品，追求全球行銷與滿足客戶在各大工業領域對刀具的需求。

元駿國際小檔案：

創立：1995 年

創辦人暨董事長：吳榮燦

產業別：刀具

地點：台中市西屯區

海外據點：中國

企業策略：從刀具與配件代理、販售，跨足製造，並採自動化生產，壓低生產成本，嚴格控管生產進度，並打造自有品牌 LV，傾全力拓展國際市場；不將產能押注在特定客戶上，以降低風險，在不同國家，選擇與一家可信賴的經銷商長期合作。

9 ｜ 台灣中醫產業領頭羊　馬光保健 跨足新馬中

　　馬光保健揚威中國、新加坡、馬來西亞等國的經驗，證明台灣傳統產業若勇於掙脫枷鎖，不再故步自封，善用自身優點，亦有機會成為國際化的翹楚。

　　1990年，馬光保健創辦於澎湖縣馬公市；成立時，其為澎湖縣唯一的中醫醫療院所，迅速受到澎湖民眾喜愛、肯定。迄今，在南台灣，馬光保健共擁有13家診所與1家教學醫院，為國內首家中醫醫療機構聯盟，堪稱中醫產業龍頭與「馬公之光」。

引進現代化管理制度

　　成功從馬公走向台灣後，1999年，馬光保健再從台灣跨足國際，於新加坡成立馬光保健醫療連鎖中醫門診中心；目前，其已躍居新加坡市占率最高的中醫連鎖體系，2003年，再將事業版圖擴及馬來西亞。2009年，馬光保健以馬

光保健控股暨新加坡連鎖中醫診所回台掛牌，躋身興櫃企業之林，2011年，更晉升為上櫃企業馬光-KY；其中，南台灣13家診所與教學醫院，則因台灣醫療法規的限制，並未包含在上櫃企業馬光-KY中。

馬光-KY的黃傳勝雖非中醫師，卻出身中醫世家，於家族中排行老三，祖父、父親、哥哥都是中醫師。自台大藥學系畢業後，黃傳勝隨即進入家族事業，協助管理事宜，並嘗試引進現代化管理化概念、制度；為實現中醫產業化的目標，與家族成員共同創辦馬光保健。

「台灣政府總將醫療機構定位為半公益事業，醫療機構談論、追求獲利，或從產業角度看待醫療，常被評論為不道德。」黃傳勝不諱言，台灣醫療法令繁多，醫療機構深受限制，成長空間有限，有鑑於馬光保健連鎖化的投報率甚高，轉戰國際市場，可望是企業突破藩籬的最佳出路。

中醫產業若要國際化，理應優先考量漢裔人口比例較高的國家，較容易開花、結果。然而，在20、21世紀之交，中國市場雖頗為誘人，但法規、制度皆未臻成熟，且人治色彩濃郁，各級政府掌握逾80%醫療資源，並不適合投資。

新加坡為國際化首站

幾經思索，馬光保健選擇新加坡，作為進軍海外市場的首站。原因在於，新加坡國民所得較高，應是發展中醫產業的最佳選擇，且馬光保健若可在新加坡建立灘頭堡，將是打入中國、東南亞國家的最佳跳板。

然而，馬光保健登陸新加坡後旋即發現，由於法規、制度迥異，加上品牌尚未闖出知名度，台灣經驗毫無用武之地，一切都得從零開始。藉著差異化經營策略，並致力創造附加價值，僅花了約3年，馬光保健便已在新加坡生根、茁壯，並開設30家分院，躍居中醫產業的領頭羊。

在這3年，馬光保健猶如將荒原開墾為沃土，過程備極艱辛。黃傳勝指出，新加坡西化程度遠超過於台灣，民眾對中醫的接受程度，不如他所預期；該國原亦有中醫體系，但多屬慈善團體，醫療或完全免費，或收費相當低廉，導致中醫服務對象，多為收入不豐的低端人口。

除此，新加坡人事成本、商辦租金，皆頗為高昂，亦增馬光保健開疆拓土的難度。馬光保健認為，應先提高中醫師待遇，提升中醫的形象，方可使中醫產業化，吸納優秀人才，並開發中高端客群。

提高薪獎以吸納俊材

　　1999年時，新加坡中醫師平均月薪僅2,000元新幣，低於80%上班族。馬光保健不僅提供較高的薪資，更制訂業績抽成制度，讓中醫師可無後顧之憂地看診；而新加坡中醫師多為中國移民，馬光保健亦持續進行教育訓練，強化其服務精神與技巧。

　　與西醫相較，中醫門戶之見甚深，不少中醫師將診病、施藥訣竅，視為不可外傳的獨家祕方，有礙中醫醫術進步。馬光保健特將分享看診經驗、病友回應，列入中醫師調整薪資、獎金的評比項目，終於成功突破門戶隔閡，並獲得眾多病友的肯定、支持，得以快速擴充規模。

　　中國是中醫發源地，亦是中醫產業最大市場，馬光保健時時刻刻都在等待最佳介入時機。2009年，中國政府提出多項醫療改革方案，並列為「12期5年計畫」、「13期5年計畫」的重點工作；馬光保健相信，時機已然成熟，遂於2010年於天津市，設立馬光保健辦事處。

　　「落腳天津市的關鍵，為天津市政府鼎力支持，對馬光保健開出的幾項要求，皆盡可能配合。」黃傳勝直言，當馬光保健透露有意西進中國時，天津市政府便派遣專人來台洽

談，充分展現誠意。

與中國醫院公平競爭

迄今，馬光保健的幾項要求，天津市政府的承諾雖打了若干折扣，但仍助益宏大，現已開設15家診所。第1個要求是，讓馬光保健新設診所儘速取得中國醫保（即國營醫療保險制度）；唯有立基點與在地醫院相同，方可公平競爭。

馬光保健在天津市成立的前5家診所，確實於開業時，即取得醫保；但開設第2批診所，卻足足等待了18個月，再之後的診所，平均耗費8到12個月，醫保才姍姍來遲。雖比其他外資診所速度快，損失仍相當可觀。

第2個要求是，馬光保健體系診所可共用一張連鎖執照，而非一家診所就得申請一張執照；經過5年，馬光保健終於盼到連鎖執照，讓旗下診所都可登記在同一法人名下，節省鉅額的會計費用。第3個要求為，開放一家2級以上的醫院，讓馬光保健從中聘僱醫師。迄今，尚在努力取得。

目前，在台灣、中國、新加坡，馬光保健皆為獨資，3國經營團隊各自獨立，台灣診所由家族中排行老大且為中醫師的黃福祥經營管理，中國及新加坡則由黃傳勝操盤。台

灣、新加坡醫療體制與法規已臻成熟，馬光保健力求穩健發展；但中國現仍積極推動醫療改革工程，馬光保健則努力再開展另一塊沃土。

分潤中國醫改大商機

中國醫療改革主要方向有二：藥改、分級診療。分級診療早已是全球趨勢，社區醫療體系負責診療小傷病，無法處理的傷病，再轉診至區域醫院、醫學中心；但中國民眾無論大小傷病，都習慣到區域醫院、醫學中心就醫，之後再前往社區醫療體系領藥，嚴重浪費醫療資源。

擘建、經營區域醫院與醫學中心，所費不貲，故馬光保健主攻社區醫療體系。在可見的未來，馬光保健將扮演醫師的醫師創業平台，協助醫師創立診所，先代為添購診所硬體設備、培訓員工，建立後勤管理機制，醫師日後可購回80%股份；如此，在中國推動分級診療的過程中，將有助馬光保健擴大事業版圖，分潤中國醫改大商機！

未來發展著重預防醫學

　　馬光保健原以治療醫學的診所拓展為主要事業，近年尤其以推動中國醫改啟動分級診療制度為主要市場。未來，馬光保健則放遠醫療眼界，事業版圖將由僅占總人口10%的治療人口拓展至75%的日常保健、預防醫療的亞健康（意指人處於健康和疾病之間的一種臨界狀態）人口，預防疾病的發生，來代替對疾病的治療，因此馬光保健將以全人類皆有需求之醫療保健、預防醫療為未來發展方向。

馬光保健小檔案：

創立：1999年

馬光-KY總經理：黃傳勝

產業別：醫療

地點：高雄市鼓山區

海外據點：中國、新加坡、馬來西亞

企業策略：在新加坡，重新包裝中醫服務，提高醫師收入，吸納優秀人才，並強化其服務精神與技巧。在中國，現正積極切入社區醫療體系，扮演醫師創業平台，分潤中國醫療改革商機。

第二章

泰國篇

導讀
泰國位居東南亞交通、經濟樞紐

　　在東南亞國家,泰國並非面積最大、人口最多的國家,卻是交通中心與經濟樞紐。在國際社會,泰國亦占有不容忽視的一席之地,它是全球人口最多的佛教國家,亦是稻米、橡膠的重要生產國,而在日資企業、韓資企業大舉進駐後,更成為全球電子、汽車產業的重鎮。

泰國為東協領頭羊之一

　　在20世紀80年代後,泰國經濟亦有長足發展,一度被喻為「亞洲第5條小龍」,前景備受期待。雖是1997年亞洲金融風暴的核心,又遭遇2008年全球金融海嘯衝擊,泰國經濟在遭受重創後,未就此低迷不振,反而逐漸恢復昔日榮景;而在東協成立後,泰國更成為領頭羊之一,國際地位、能見度、發言權皆更勝昔日。

　　本書訪談的泰國台資企業,多屬民生產業,受訪的中小企業經營者不約而同地說,在東南亞諸國中,泰國基礎建設較為先進,勞工亦較為溫和,對台灣人亦頗為友善,有志赴東南亞國家投資的台資企業,可優先考慮泰國。

台資企業多屬民生產業

宋歐企業現為產品品項極多的環保包材公司，也是專事生產EPE（珍珠棉聚乙烯發泡棉）產品的企業。EPE產品不僅隔水防潮、防震隔音等功能，且耐撞、可塑性佳，還可重複回收再利用。宋歐企業為節流，還將廢料還原以全自動設備自行產製塑膠袋，供廠區使用，並計畫引進自動化塑膠加工設備，為企業節流以降低成本。

李吉成化學立足泰國，經略日本、歐洲市場，並致力分散訂單來源，不同時間有來自不同國家的訂單，每年淡、旺季並不顯明，有利於企業營運與人力配置。除人力改善製程、生產環境，以符合歐洲、日本客戶的環保要求，及泰國政府的環保法規，亦有計畫地降低對鉛化合物產品的倚賴，以因應未來的環保潮流。

泰欣產品原本多而雜亂，連年虧損、前景堪憂。經過不斷摸索、嘗試新路線，終於找到活路；之後靠著廢油回收、廢料提煉，轉虧為盈，並跨足生產溶劑、鍋爐油、潤滑油等品項，業績終逐年成長。最後，泰欣專事潤滑油貿易與調配，並持續改善製程，降低對環境的影響。

台資技術成重要競爭優勢

泰晶造漆廠主要客戶為泰國台資企業，亦有部分產品外銷至新加坡、馬來西亞等國。主力產品為汽車零件漆、板金修補漆等，還生產塑膠用漆、傢俱用漆、帽子用漆；近年亦生產大眾化漆品，如汽車修補漆，已成功研發出85種顏色的汽車修補漆，可調配出所有顏色，期以增加收益、強化市場競爭力。

C-tech初期主力為水處理業務，隨著客戶需求營業項目愈來愈廣，並逐步跨入工廠營造領域，並擴張為C-tech集團。20世紀90年代，台灣政府首次推行南向政策，當時C-tech承接許多台灣企業泰國廠的建廠工程，得以快速成長，而今主力業務為建築工程承包、化學工程服務，而化學工程服務中仍以水處理為大宗。

Tinfo母公司為嘉義第讚企業，專事生產各類製袋機械、塑料原料與袋類產品，產品行銷全球60餘國，而Tinfo原擔任母公司在泰國的貿易公司，負責歐洲市場銷售，近年創立自主品牌Ollbag，跨入袋類產品設計領域，採B2B模式，為多家服飾、汽車品牌商，設計與生產搭配商品、禮品的無紡布袋，積極開發高單價產品。

Amallion的母公司為馬來西亞台資企業新揚多元控股，

因主要客戶赴泰國拓點，亦前往創辦Amallion。成立初期營運備極艱辛，當突破語言、技術障礙後，投入培訓員工，終於提升產品良率，並積極開拓新客源，今日Amallion業績遠高於母公司，已成為集團內實質主導者。

NASCO衛浴主攻泰國內銷市場，在南部、東北、北部、中部等4大區，擁有約700個銷售點，產品亦銷往鄰近的緬甸、寮國、柬埔寨等。NASCO居泰國第4大衛浴品牌，競爭優勢在於價格較低廉，且為泰國本土品牌，易獲消費者指名購買，唯市占率仍與前3大品牌有相當的距離。

在地語言是必要技能

泰國海運、空運皆頗為發達，更是東亞國家往返歐洲國家航線的轉運站。除此，泰國國際學校素質精良，泰國台資企業經營者多是全家赴泰，甚至落地生根，已取得泰國國籍，做好永續經營之準備。

而熟稔泰語對長治久安的中小企業台商而言是必要技能，方能增加與員工之間溝通的便利性，降低溝通訊息差異造成的額外經營成本。此外，隨著泰國經濟逐漸成長，製造業技術升級、內需市場擴大，未來勢必將增加當地市場比重。

1 ｜ 宋歐工業谷底浴火重生
稱霸泰國環保包材產業

　　近年來，台灣政府重啟「南向政策」，愈來愈多台灣企業前往東南亞國家布局。在眾東南亞國家，有企業青睞企圖成為「新世界工廠」的越南，有企業獨鍾人口破億的印尼，有企業最愛華裔人口比例較高的馬來西亞；而在內戰瓦礫堆中奮勇向前的緬甸、寮國、柬埔寨，是諸多企業淘金的最愛，英語系國家菲律賓、新加坡，則被若干企業視為開拓歐美國家的最佳基地。

　　然而，長年為東南亞國家樞紐的泰國，反倒最不受注目。泰國知名台灣企業宋歐工業負責人卓淑如（SomO）強調，在東南亞國家中，泰國基礎建設較齊備，且因是佛教國家，勞工個性較溫和，對台灣人亦頗為友善，實為台灣企業南進佳選。

咬緊牙根承購父業

　　宋歐工業前身，創辦人正是卓淑如的父親與友人。卓父原為台灣知名味精企業駐外技術人員，先派駐菲律賓，再轉赴泰國，曾任泰國廠總廠長。後因味精企業調整經營策略，卓父離職並創業養蝦，而在養蝦業薄利化後，再創立塑膠包材工廠。

　　卓父創辦的塑膠包材工廠，乃泰國首家EPE（珍珠棉聚乙烯發泡棉）擠出成型工廠，因EPE為安全、價格最低廉的包材。不過，正因為EPE當年的利潤甚高，工廠營運頗為粗疏，導致環境髒亂、員工素質良莠不齊，股東間亦齟齬不斷。

　　2013年，由於卓父老病侵尋，卓淑如決定咬緊牙根，出資5400萬泰銖，買下工廠；並以自己的泰文名字，將工廠更名為宋歐工業。在泰文中，柚子發音亦為宋歐；卓淑如遂以柚子的閩南語發音，將宋歐工業的英文名稱，定為UR。

　　接手後，卓淑如大刀闊斧進行整頓，改建廠房、員工宿舍，以降低員工流動率，並添購機器、設備，引進專業顧問團隊，重整產品製程。在專業顧問團隊指導的過程中，她也學習到EPE廠的管理訣竅、經驗。

競爭者眾利潤下滑

目前，宋歐工業以低密度聚乙烯（LDPE）為主要原料，擠壓生成的高泡沫聚乙烯製品，品項包括 EPE 和鋁箔或鍍鋁薄膜的複合製品、EPE 發泡水果網、EPE 發泡管棒、EPE 積層貼合產品、EPE 珍珠棉複膜袋，與 LDPE 包裝袋等。

各項產品的特性、用途各異。EPE 和鋁箔或鍍鋁薄膜的複合製品因可反射大多數紅外線，可作為建築物屋頂隔熱、保溫的包材。EPE 發泡水果網適用於各類水果、玻璃瓶的包裝，EPE 發泡管棒廣泛應用於空調護套、管道隔熱、玩具護欄，與娛樂設施把手、沙發邊條、背包背帶及傢俱包裝等。

EPE 積層貼合產品可充當電子、精密儀器或其它工業製品的緩衝包裝和救生衣內的浮材，EPE 珍珠棉複膜袋多用於各式零組件、高階產品包裝，亦是防潮鋪設地面的材料。

EPE 產品不僅具隔水、防潮、防震、隔音、保溫等功能，且耐撞、可塑性佳、抗化學污染，還可重複回收再利用，符合環保潮流。不過，卓淑如直言，由於今日競爭者眾，利潤已不若以往，未來將引進自動化塑膠加工設備，為企業節流。

廢料再利用以節流

因EPE產品製程中，需使用大量的塑膠袋；卓淑如決定減少外購數量，並將部分由廢料還原的塑膠原料，以全自動設備自行產製塑膠袋，供廠區使用，大幅降低成本。

位於北柳府的宋歐工業廠區，交通不甚方便。為留下外地優質員工，卓淑如致力提升宿舍品質，同時制定高標準的宿舍管理規範；如果員工表現不佳，或違反宿舍管理規範，就可能失去續住的資格。工廠廠區亦畫分責任區，將員工分組，由員工自主負責整潔，施行連坐管考制度，並將罰金收歸入員工福利金。

卓父當家時，工廠月營業額為數百萬泰銖；宋歐工業月營業額已達千萬泰銖，成長約10倍，現更是泰國產品品項最多的環保包材公司，也是唯一專事生產EPE產品的公司。

泰國對外資限制多

雖然，台灣、韓國、日本、中國製造業業者紛紛前進越南與柬埔寨設廠，但卓淑如並不畏懼。原因在於，越南、柬埔寨等國基礎建設相對落後，電力供輸不穩；在可見的未

來，其EPE廠尚無法威脅宋歐工業。

　　在家千日好，出門半朝難。旅居泰國30多年、泰文流利，且擁有泰國籍的卓淑如建議，台商若想在泰國長期投資，不僅應學習泰文，認識與順應在地風俗民情、文化，更應融入泰國，積極了解當地法令政策，以維護自身權益。

　　例如，常有泰國企業員工上法院控告企業主，假使企業主無泰國法律知識，在司法審理中，常居於劣勢，因此審慎應對、冷靜處理和挑選正確管道是上策，除此，泰國投資促進委員會（The Thailand Board of Investment，BOI）對外資企業限制頗多，其有資金下限之限制，昔日更規定，外資企業產品僅能外銷，現已較為放寬，已可銷售泰國市場。卓淑如也特別說明，BOI機構鼓勵外國投資者到泰國投資，並提供諮詢服務與便利管道，建議有意到泰國投資者實際走訪，以避免不良仲介的剝削。

應多認識泰國文化

　　依據泰國外商法1999法案，外國投資者若為BOI鼓勵投資的產業，依申請程序能成為自有100%股權的公司，其餘投資者則需要以合資方式參與投資，也因此衍生許多問題

與糾紛。

　　卓淑如直言，台商為便宜行事，以泰國人為「人頭」，購買不動產、從事投資，法律而言，確屬「人頭」所有，台商難以循法律途徑索回。因而奉勸赴泰國投資的台商，人際難免坑矇拐騙之輩，輕信傷財、重則身陷囹圄。她建議，可評估取得泰國籍身分，且運用正常管道申辦，以免過程受騙。

　　入鄉問俗亦得隨俗，卓淑如建議，有志到泰國投資的台商應多認識、尊重泰國文化，否則將觸犯禁忌卻不自知，「台灣人常自詡像牛一樣勤奮，但形容泰國人是牛，他們可不領情，因形同遭指終身勞碌命。」她更強調，相較泰國勞工動作較慢、個性溫和，但不可輕侮、公開辱罵，否則惹禍上身。但整體東南亞國家，分析泰國基礎建設完備，人民友善、配合好，仍是較佳選擇。

宋歐工業小檔案：

創立：2013年

創辦人暨負責人：卓淑如

產業別：塑膠包材

地點：泰國北柳府

企業策略：改建及擴建廠房、員工宿舍，降低員工流動率，並添購機器、設備，引進專業顧問團隊，重整產品製程。引進全自動加工設備，以降低營運成本並增加產品種類，擴大市場。

2 | 以泰國為基地經略歐日市場
李吉成化學關關難過關關過

位於中南半島中心的泰國，不僅是東南亞國家的樞紐，更是東亞諸國通往南亞、中東、歐洲、非洲的交通中繼站。日商、韓商早已深度耕耘泰國，建立綿密的製造業供應鏈，並以泰國為基地，揮師全球市場。

創立於2000年的台資企業李吉成化學，亦立足泰國，經略日本、歐洲市場，堪為其他有志南進台資企業借鏡。1983年，李吉成化學創辦人暨總經理黃仁忠即已赴泰，迄今已逾30年，原為台資化工機械企業泰國廠建廠工程師，但1997年東亞金融風暴改變了他的生涯規畫，轉換跑道成為企業主。

因東亞金融風暴而創業

退伍後，黃仁忠闖蕩職場，曾任職數種產業，最後落腳於化工機械企業，負責外銷化工廠設備；為了追求更高的報

酬，他毅然南進，薪資約為赴泰前的4倍。其實，早自日治時代起，便陸續有台灣人移民泰國；到了20世紀90年代，時任台灣總統的李登輝推動南向政策，再有一批台灣企業前往泰國拓點。

1997年，東亞金融風暴橫掃泰國，泰銖兌美元匯率，從25泰銖兌1美元，暴貶至57泰銖兌1美元。當時，泰國台資企業的周轉金，多從台灣借貸美元，再轉換為泰銖；泰銖貶值逾50%，泰國台資企業負債登時倍增，紛紛不支倒地，包括黃仁忠任職的企業。

日久他鄉是故鄉，家鄉成異鄉。失業後，黃仁忠思索，離開台灣已10餘年，人脈早已星散，且泰國工業化程度較低，發展空間較大，遂決定留在泰國；2000年時，友人李吉成更出資，與他共創李吉成化學，廠址位於龍仔厝府，初期主力產品為鉛玻璃，另生產塗料、PVC（聚氯乙烯）熱安定劑（Heat stabilizer）等產品。（PVC若受熱，便將分解。於是，產業界在製造PVC產品時，多添加鉛鹽、有機錫化合物，以阻止PVC分解；而鉛鹽、有機錫化合物，則被稱為PVC的熱安定劑。）

挺過電視機汰換之風潮

在CRT（cathode ray tube，陰極射線管）電視機時代，鉛玻璃為電視映像管關鍵零組件，由氧化鉛溶解製成。李吉成化學不斷改良鉛玻璃品質，耗費約2年時間，終符合2家日本大型商社的品質標準，並取得長期、固定的訂單，月產量可達4000噸，營運步上坦途。

為了擴大營業額，加上泰國緊鄰馬來西亞，且皆為東協成員；李吉成化學曾因地利之便，爭取到馬來西亞客戶的訂單。李吉成化學更提供客戶「倉庫對倉庫」（door to door）服務，一肩扛起運送費用、意外損失，更支付所有產品跨國通關的稅金。

然而，自2006年起，CRT電視機逐漸被LCD（liquid crystal display，液晶顯示器）電視機所取代。幸而，在LCD電視問市後，黃仁忠已有危機意識，著手逐步增加PVC熱安定劑的營收比重，並致力分散訂單來源，終於挺過電視機主流機種汰換的衝擊。

目前，李吉成化學年營業額約泰銖2億元，拜訂單來源已成功分散之賜，不同時間有來自不同國家的訂單，每年淡、旺季分別並不顯明，有利於企業營運與人力配置。

降低對鉛化合物的倚賴

在泰國，工會並不強勢，勞工亦較為溫和；但勞資糾紛若循法律途徑解決，法院判決多偏向勞工，故資方多選擇和解。因此，黃仁忠積極推動自動化製造，員工數現已降至約40人，幾乎清一色來自龍仔厝府；因自動化設備涉及高科技，相關文件專業術語甚多，李吉成化學大多從台灣進口，以降低買賣雙方的溝通障礙。

自創業以來，李吉成化學皆鎖定外銷市場，客戶現主要為日本、英國、德國企業，幾無泰國客戶。黃仁忠解釋，泰國市場規模不大，李吉成化學唯仰賴國際市場，方可永續經營；而與日本、歐洲客戶往來，因其對產品品質、製程環保要求較謹嚴，還能同時提升技術水平、市場競爭力。

黃仁忠直言，環保標準不斷墊高，已是全球化、不可逆的趨勢，與其以拖待變，不如提前因應，才不至於措手不及，還可搶占先機。當下，泰國環保法規已較台灣更謹嚴，工廠每隔3年就得再接受相關單位審核，若有違環保法規，又無法在限定時間內改善，就無法繼續經營。

李吉成化學除大力改善環境、製程，以符合歐、日客戶環保要求、泰國政府環保法規；同時，亦有計畫地降低對鉛

化合物產品的倚賴。他斬釘截鐵地預測，在可見的未來，因鉛化合物產品對環境較不友善，世界主要國家政府必將立法限制應用範圍，化工企業將順勢減產，鉛化合物價格雖將因此翻揚，卻是遭淘汰前的迴光返照，之後必將快速式微，甚至全面遭到禁用。

鎖定鈣、鋅、鎂化合物

　　近年來，李吉成化學積極涉足非鉛之金屬化合物產品之領域，特別鎖定開發鈣、鋅、鎂化合物產品，並計畫擴廠以量產新產品；製造非鉛之金屬化合物產品的技術，或透過購買取得，或向學者、專家請益，或與日本客戶洽談技術轉移。依照全球環保趨勢，李吉成化學非鉛化合物產品銷售成績，可望比鉛化合物產品更亮眼。

李吉成化學小檔案：

創立：2000年

創辦人暨總經理：黃仁忠

產業別：化工

地點：泰國龍仔厝府

員工數：約40人

企業策略：不斷改良鉛玻璃品質，以符合2家日本大型
商社的品質標準，並取得長期、固定的訂單。且在LCD
電視機取代CRT電視機前，即逐步增加PVC熱安定劑
的營收比重，致力分散訂單來源；並改善環境、製程，
以符合歐日客戶環保要求、泰國政府環保法規，積極涉
足非鉛之金屬化合物產品領域，鎖定開發鈣、鋅、鎂化
合物產品，並計畫擴廠以量產新產品。

3 泰欣浴火重生成鳳凰 與國際油品大廠抗衡

　　昔日，台灣中小企業經營者足跡遍及全球，憑藉「一卡皮箱走天下」的勇氣，克服重重困難險阻，許多人更在異國落地生根。今日，國際交通更發達，資訊搜尋更便捷，但愈來愈多台灣青年怯懦不前，死守舒適圈，卻成天哀嘆時運不濟、懷才不遇。

中石化泰國潤滑油代理商

　　泰欣（Thai Hsing Hydrocarbon Co., Ltd.）總經理張春成在泰國堅毅卓絕的奮鬥歷程，實為諸多海外台商的共同寫照，若無過人勇氣、毅力，早已鬥志全失、打道回台。早年，張春成在台灣從事鍋爐買賣，後轉入飛行鞋研發、買賣，事業邁向巔峰，但遭歐美大廠仿冒，榮景曇花一現。

　　與歐美大廠進行法律訴訟，雖獲判勝訴，但賠償金遠不及損失。2005年時，張春成原打算赴美販售傢俱，但在身

為泰欣股東的兄長邀請下，轉赴泰國接管泰欣財務，並於
2008年升任泰欣總經理。

　　在張春成總攬廠務前，泰欣產品多而雜亂，連年虧損、
前景堪憂。他不斷摸索、嘗試新路線，為泰欣尋覓活路；之
後，靠著回收廢油、廢料提煉，終使泰欣轉虧為盈。加上他
曾為鍋爐商，深知鍋爐耗費油品甚鉅，遂跨足生產鍋爐油；
之後，泰欣再增產溶劑、潤滑油等品項，業績逐年成長。

　　不過，回收廢油、廢料提煉與生產鍋爐油，易污染環
境，並滋生粉塵、臭味，屢遭鄰居抗議、地方政府刁難；
溶劑利潤僅約5%，且客戶付款期長達3個月，經濟效益過
低。最後，泰欣決定專事潤滑油貿易與調配，並持續改善製
程，降低對環境的影響。

以地毯式拜訪開發新客戶

　　除此，泰欣亦成為中國石油化工（中石化）在泰國唯一
的潤滑油代理商，主要客戶為中國橡膠、輪胎企業的泰國
廠，包括中策橡膠、雙錢輪胎、森麒麟輪胎等大廠。原本，
張春成亦爭取台灣中油油品的泰國代理權，但台灣中油另有
屬意廠商，只能作罷。

　　「在代理潤滑油前，泰欣與中石化毫無淵源。」張春成
直言，在中石化甫涉足泰國市場時，正欲尋覓通路，他即叩
門邀約合作，自一拍即合；雙方合作愉快、深有默契，中石
化亦幫泰欣介紹諸多客戶，促成泰欣躋身其他中國企業的協
力廠商。

　　張春成雖曾擔任泰國台商會幹部，泰欣卻幾無台資企業
客戶。中石化大力襄助泰欣拓展業務，更補助展覽經費，有
時還提供人力；例如，泰欣曾舉辦油品研習會，介紹泰國特
殊油品知識，教導如何確保非一般潤滑油的特殊加工用油品
質，藉此拓展客源，而研習會的支出、講師、工作人員，皆
由中石化負責。

　　「使用品質較佳的油品，可延長機械設備的壽命；泰欣
的油品研討會，無論客戶、非客戶，皆可參加。」張春成表
示，泰欣位於泰國春武里府，春武里府與南鄰羅永府，為泰
國政府積極開發的新經濟重鎮，面積與台灣7縣市相仿，約
70%經濟投資集中於此，他地毯式拜訪位於2區內的工廠，
成功開發許多新客戶。

國際油品大廠皆競爭對手

　　國際級石油公司皆在泰國設點，如美商埃索（Esso）石油、荷商殼牌（Shell）石油、英商嘉實多（Castrol），與日商出光興產等。這些大廠再加上泰國當地石油廠，皆是泰欣勁敵，但泰欣與中石化合作關係穩固，不畏強敵環伺，業績仍能繼續成長。

　　春武里府地勢略高、未曾淹水，高鐵、高速公路皆貫穿其中，交通相當方便。先前，因鄰近工業區頻遭水患，愈來愈多台資、中資企業搬遷至此，也讓泰欣可就近發掘客戶。

　　隨著客戶數量持續增加，需求日益多元，泰欣除了固守潤滑油市場，亦販售空壓機油、橡膠軟化油、脫模劑用石墨等產品；月營業額已從先前泰銖約600萬元，提升至約1300萬元。

　　因張春成並非泰國籍，為符合泰國法律規範，泰欣讓泰國籍股東擁有51%股份，另49%股份則分屬數位台灣籍股東。他指出，泰欣主要業務僅為買賣，並不需要太多股東，為降低營運風險，泰欣將逐步以台裔泰國籍股東，取代非台裔的泰國籍股東，未來更計畫降低股東人數，「泰欣從事商品買賣，股東不必太多。股東若選擇退股，將可拿回1.4倍

的資金。」

泰國經商收支都應用現金

　　泰欣員工約12人，分別負責調油、開車送貨、跟車卸貨等庶務，訂單業務則由張春成統籌。泰國伙食費、住宿費並不低廉，與台灣相距不遠；泰欣不僅供應宿舍，包吃包住、水電全免，可省下可觀的生活費，現所有員工皆已入住。

　　然而，雖已赴泰10餘年，張春成仍感嘆管理不易，主因在於語言障礙，不僅難與泰國籍員工交心，與當地行政機關溝通，亦常造成誤會，「在泰國經商，防人之心不可無，縱使是警察、軍人，亦不可完全信任。」

　　張春成不諱言，泰國人篤信佛教，大多本性善良、個性溫和，但在工作上，責任感較高、流動率較低，泰國籍業務更常一邊處理公司事務，一邊準備創業，當累積足夠的人脈、經驗後，隨即自立門戶，「泰欣昔日的泰國籍業務，現在個個是競爭對手。」

　　「在泰國經商，絕對不可放帳，收支都應使用現金，即使是總價不高的買賣，都不應例外。」張春成嚴肅地說，泰

國並無《票據法》，廠商跳票時有所聞；他看過、聽過、遭遇過種種匪夷所思的詐騙事件，若不以現金交易，被賴帳的機率極高，特別是沒有廠房的中盤商，可能貨一到手，隨即人間蒸發，根本無從追討。

泰國為台資企業南進首選

然而，在東南亞諸國中，張春成仍認為，泰國是台資企業投資首選；原因在於，東南亞資源豐富，在泰國設廠，可同時運用泰國與周遭國家的資源，且對台灣人尚稱友善。他除了經營泰欣，還創辦代理幫浦的昌錦；在春武里府，逾80%木材工廠所使用的幫浦，皆為昌錦代理的產品。

不過，台商前往泰國投資，還得面臨其他外資企業的強力競爭。中石化曾以月薪泰銖12萬元，從對手企業挖角1位泰國籍幹部，台商薪資水準若落後其他外資企業過多，恐將無立足之地。

泰欣小檔案：

總經理：張春成

產業別：油品

地點：泰國春武里府

員工數：約12人

企業策略：不斷摸索、嘗試新路線，最後專事潤滑油貿易與調配，並持續改善製程，降低對環境的影響，更成為中國中石化泰國唯一潤滑油代理商；在中石化協助下，躋身中策橡膠、雙錢輪胎、森麒麟輪胎等企業泰國廠的協力廠商。隨客戶數量持續增加，亦販售空壓機油、橡膠軟化油、脫模劑用石墨等產品。

4 | 泰晶造漆廠奮戰多年有成 可望打入泰國日商供應鏈

　　你的夕陽，可能是他人的朝陽；在台灣，民生產業已是幾近飽和的夕陽產業，但在東南亞國家，確是尚有數倍成長空間的朝陽產業。相對「又熱、又擠」的中國，台灣民生產業實現國際化的最佳地點，當屬東南亞國家，如今已在泰國企業占有一席之地的泰晶造漆廠。

　　2001年，因姊姊定居泰國，泰晶造漆廠創辦人暨總經理郭建成帶著2個稚子，到泰國就讀國際學校，發現潛在商機相當豐厚。由於家族企業光麗造漆廠專營油漆塗料，2004年，他亦在泰國創辦泰晶造漆廠，進軍泰國漆品市場。

靠標會籌措周轉金

　　此時，曾遭金融風暴重創的泰國，元氣尚未完全恢復，地價相對低廉。泰晶造漆廠建廠後，從台灣引進較具特色的產品，並在泰國量產；客戶在採買特殊漆，多半也順帶添購

其他產品，如素色漆等。

「創廠初期，我靠著參與泰國台商間的標會，籌措周轉金。」郭建成加重語氣說，泰國台商關係網絡綿密，互動亦較中國台商單純，風險並不高；有了標會會款為後盾，他直到泰晶造漆廠廠房完工後，才向銀行辦理貸款。

早年，泰晶造漆廠客戶多來自其他泰國台商引薦，郭建成亦積極參與台商會月會、例會等活動，致力擴大客戶群。經過10餘年的努力，泰晶造漆廠在泰國已站穩腳步，現主力客戶仍為泰國台商，約占業績的60%至70%。

將成三菱協力廠商

目前，泰晶造漆廠主力漆品為汽車零件漆、板金修補漆，各約占營業額的40%；另生產塑膠用漆、傢俱用漆、帽子用漆，塑膠用漆約占營業額的20%，而傢俱用漆、帽子用漆的占比甚低。因泰國為橡膠木原產地，傢俱廠皆附設木器油漆廠，故泰晶造漆廠不生產木器油漆。

設址於泰國春武里府的泰晶造漆廠，在創廠初期，多聘用兼通中文、泰文的泰北中裔第2代與第3代，負責業務推廣，但若干男性業務屢生事端，管理頗為不易。直到約5年

後，郭建成泰文精進、溝通無礙後，漸次晉用非中裔的業務，管理終步入軌道。

在泰國，漆業業者約有400家，競爭相當激烈，泰晶造漆廠市占率仍有待提升，主要對手為日本漆商。然而，郭建成兩位兒子也都負笈留學日本，兼通中文、英文、泰文、日文，返泰後進入泰晶造漆廠任職，主導架設4種語言介面的企業官網，吸引日本大商社三菱主動前來洽談。

2014年起，泰晶造漆廠與三菱展開合作，試產電子零件漆，預計於2019年量產。郭建成充滿期待地說，若順利取得三菱協力廠商的認證，不僅將獲得固定、長期的訂單，亦將得到技術資訊、製程強化輔導，有助於泰晶造漆廠再上層樓，並打入其他日商在泰國的供應鏈。

薪酬採利潤中心制

「日商在泰國布局甚深、據點眾多，打入日商供應鏈，可望是泰晶造漆廠再次高度成長的契機。」郭建成強調，日商對產品品質相當嚴謹，每月皆進行資訊交流、產品測試，協力廠商不得有任何疏失，一旦產品有瑕疵，賠償至少泰銖千萬元起跳，「但日商對協力廠商相當照顧，甚至挹注研發

經費！」

　　泰晶造漆廠主攻泰國內銷市場，亦有部分產品外銷至新加坡、馬來西亞等國。在薪酬制度上，郭建成採行利潤中心制，即不同職位有不同的分紅方式；業務人員薪酬視其業績而定，研發人員除了本薪，再依其研發成果，另設研發獎金。

　　泰晶造漆廠在曼谷設置倉庫，有10多位業務及工程師，直接向客戶介紹、推廣產品。為了打響企業知名度，曾耗費泰銖數百萬元，參加各式會展，且在網路、電台、汽車雜誌購買廣告，並贊助泰國賽車隊；雖然成效顯著，但因呆帳眾多、客戶貨款票期長，財務壓力甚鉅，只得暫時中止。

　　郭建成的2個兒子，都已進入泰晶造漆廠任職。近年來，他的一雙兒子積極開發新產品，以開闢新財源；相較於第一代台商專注於壓低生產成本，經營理念略有差異。

轉生產大眾化漆品

　　原本，郭建成的兒子們投入研發客製化產品，但客製化產品除了成本偏高，更易累積高額庫存，且相關程序頗為繁複，如汽車用漆，就得通過汽車原廠的逐項認證，否則根本

沒有進項。當下,泰晶造漆廠已轉為生產大眾化漆品,如汽車修補漆,以增加收益、強化市場競爭力。

不過,在大眾化漆品領域,泰國消費者長年偏愛日本品牌;欲與日本品牌並駕齊驅,泰晶造漆廠尚得急起直追。展望未來,郭建成寄希望於在三菱與其他日商的供應鏈中卡位,但因進入門檻甚高,泰晶造漆廠配合重新規畫廠房空間,以符合日商的標準。

當下,泰晶造漆廠約有6名研發人員,皆為泰國籍員工。研發人員應用光麗造漆廠的資金、樣品與原物料資源,已成功研發出85種顏色的汽車修補漆;以85種顏色為基礎,可調配出所有顏色。但汽車修補漆研發成本甚高,泰晶造漆廠現正積極推廣,以期獲利儘速超越成本。

在暫停網路、媒體廣告與贊助賽車隊後,泰晶造漆廠主要宣傳方式,轉為發放宣傳單(DM),並鎖定汽車維修廠,強打汽車修補漆;並配合客戶需求,進行現場示範調色,以刺激買氣。

靠標會籌措周轉金

有鑑於辛苦培育的泰國籍技術人員,常遭競爭對手挖

角，泰晶造漆廠特採技術分散模式，將技術人員分組，分別學習不同技術，以防杜技術人才流失。

因郭建成未加入泰國籍，依照泰國法令，泰晶造漆廠逾50%股份，名義上皆歸泰國籍股東所有；郭建成亦將股權切割零碎，避免泰國籍股東聯手，搶奪廠內重要職務。

呆帳是泰國台商的共同難題，泰晶造漆廠遭中盤商積欠的款項，已逾泰銖500萬元，負擔相當沉重。為防止呆帳續攀新高，又得防範舊客戶心生不滿，泰晶造漆廠另成立聯合油漆公司（UPI），繞過中盤商，直接與終端客戶交易，促使財務更健全。

先前，泰晶造漆廠已在曼谷市興建倉庫，現更在34號公路第10公里處設置銷售據點；若成效良好，將在曼谷市周遭再設新據點，增加現金收入。

泰晶造漆廠小檔案：

創立：2004 年

創辦人暨總經理：郭建成

產業別：漆品

地點：泰國春武里府

企業策略：從台灣引進較具特色的產品。與三菱展開合
作，試產電子零件漆，未來可望打入三菱與其他日商的
供應鏈；應用光麗造漆廠的資金、樣品與原物料資源，
研發出85種顏色的汽車修補漆。為防止呆帳續攀新
高，另成立聯合油漆公司，直接與終端客戶交易。

5 | C-tech集團致力多角經營
勇於踏出台資企業舒適圈

　　企業與人相同，若長期窩居舒適圈，容易苟且偷安、好逸惡勞，淪為井底之蛙。台灣企業邁向國際化，旨在脫離舒適圈，尋求壯大、升級的契機；若到了海外，依然只與台資企業往來，不過是轉進另一個舒適圈；一旦舒適圈變得不再那麼舒適，企業必將如明日黃花般快速凋謝。

　　勇於踏出臺資企業舒適圈，正是C-tech集團持盈保泰的關鍵。1976年創辦C-tech，初期主力業務正是協助客戶處理水質問題。

受惠於台灣首次南向政策

　　隨著客戶需求日多，C-tech營業項目愈來愈廣，並逐步跨入工廠營造領域，由C-tech擴充為C-tech集團。20世紀90年代，台灣政府首次推行南向政策，許多台灣大企業前往泰國設廠，當時C-tech承接許多台灣企業泰國廠的建廠工

程，得以快速成長。

因為李榮烈兼通中文、泰文，對赴泰設廠的台灣企業而言，不僅可省去可觀的溝通成本，亦可確保廠房品質，昔日深受福懋、聚亨、東帝士等大型企業信賴。目前，C-tech集團長期合作的企業為泰國長興樹脂。

今日，C-tech集團主力業務有二：建築工程承包、化學工程服務。在建築工程領域，除了承包廠房工程，近年來，亦涉足旅館建造工程，並幾乎統包所有建築項目，如工廠鋼材、配線、裝機、水槽等。化學工程服務仍以水處理為大宗，如冷卻塔、冷卻水系統、鍋爐系統維修，與後端用水處理，如逆滲透、硬水變軟、軟水變純等，現亦投入化學藥品買賣。

不進行價格戰

除此，C-tech集團致力提升產品、服務品質與內容，主攻中、高階市場，不與其他廠商進行低價競爭；策略包括，在客戶建廠過程中，提供相關專業資訊，並主動為客戶進行長期規畫，或給予廠區設計改良建議，以增進客戶的依賴度。

　　當下，台灣政府雖重啟南進政策，但響應的大型台資企業，卻不如第1次南進政策時熱烈、踴躍。然而，台資企業廠房業務量減少，C-tech集團決定多角化經營，承攬各國、各式廠房工程，與旅館建造工程。

　　晚近，支撐C-tech集團財務平衡的建築工程案，為一家國際級澱粉原料供應商泰國生產基地廠房、倉庫建廠工程，平均1年可貢獻營業額泰銖數億元。

分散客源目的為分散風險

　　不過，建築工程委託案金額看似龐大，但利潤卻頗為微薄，雖也曾遭遇難關，但關關難過關關過；幸而，C-tech集團的客戶多為大型企業，呆帳金額不多，未危及營運。C-tech集團現致力分散客源，即為了分散風險。

　　在化學工程服務領域，化學藥品利潤雖較高，利潤來源易於掌握，但獲利天花板頗低；水處理業務獲利亦佳，因C-tech集團服務優質、價格公道，客戶多「一試成主顧」。

　　為壓低營運成本，C-tech集團逐步從各國進口設備、零組件及原料以減低成本。

　　在技術研發上，以水處理業務發家的C-tech集團，設有

泰國政府核准的水處理技術實驗室，持續研發新技術。至於其他領域，則透過貿易商、供應商等策略夥伴，引進最新設備、技術，並聘僱一位泰國專家當顧問，協助訓練業務人員與實驗人員，以強化 C-tech 集團競爭力。

計畫增加原物料供應業務

今日，C-tech 集團員工約 60 人，在執行業務時，多交付予長期合作的包商與工班。李榮烈坦言，因競爭對手激增，C-tech 集團獲利數字有下滑趨勢，加上泰國經濟成長趨緩。但在可見的未來，因 C-tech 集團已掌握優質原物料來源，已規畫增加原物料供應業務，兼營原物料貿易，祈望在有效的多角化經營能以提升集團獲利。

C-tech集團小檔案：

董事長：李榮烈

產業別：水處理、營造、化學藥品貿易

地點：泰國曼谷

員工數：約60人

企業策略：從水處理業務跨入工廠營造領域，當台資企業廠房工程業務量減少，改採多角化經營，承攬各國、各式廠房工程，與旅館建造工程，並致力提高產品、服務品質，主攻中、高階市場。逐步採用中國製的設備、零配件，以降低營運成本，未來亦將尋覓其他國家的設備、零配件供應商。

6 ｜ 前往黃金走廊中淘金
　　 Tinfo 從泰國眺望國際

　　美、中貿易戰剛拉開序幕，許多台資大廠紛紛強化在美國、東南亞的布局，將生產基地遷往東南亞國家，堪稱最安全的選擇。

　　2003年，Tinfo 創辦人暨總經理林盈攸跨出台灣，即有先見之明，在挑選落腳地時，原有4個選項，分別為中國東莞市、越南河內市與胡志明市，與泰國曼谷市。她最後選擇泰國曼谷市，關鍵因素為泰國稅務法規穩定，且已開放外資企業投資多年，相關事務處理應更明確、快速。

為長子就學孟母三遷

　　Tinfo 的母公司，為設址於嘉義縣民雄鄉的第讚企業，負責人則是林盈攸的夫婿邱三元。第讚企業專事生產各類製袋機械、塑料原料與袋類產品，產品行銷全球60餘國；Tinfo 原為第讚企業在泰國的貿易公司，負責向歐洲市場銷

售第讚企業產品，之後更跨入機械製造、貿易領域。

　　邱三元、林盈攸共創第讚企業時，即專攻外銷市場。林盈攸遠赴泰國，原因包括大兒子無法適應台灣教育體制，只得效法孟母三遷，加上第讚企業發展已陷入瓶頸，不僅技術工難覓，土地、原物料亦嚴重匱乏，而中國競爭對手湧現，赴海外拓點已迫在眉睫。

　　林盈攸選擇落腳泰國，除了泰國稅務法規穩定，有利於中小企業生根、茁壯，更著眼於可從第讚企業回輸泰國籍技術工，且泰國是日本趨勢專家大前研一「黃金走廊」理論的地理中心，未來更將是經濟中心。「黃金走廊」起至中國廣西省，經越南、柬埔寨、泰國、緬甸、孟加拉等國，迄於印度。

　　創立Tinfo後，林盈攸根據昔日國際貿易經驗，決定先放棄東南亞市場，依序拓展土耳其、波蘭、波羅的海3小國、白俄羅斯、捷克等歐洲國家市場。因世界各國企業揮師歐洲市場，常以土耳其為灘頭堡，多委託此地代工廠生產，故Tinfo亦以土耳其為國際貿易首站。

三角加工遭ECFA終結

當Tinfo國際貿易步上軌道，隨後在鄰近曼谷市的春武里府設廠，增加機械製造業務。初期，Tinfo先承接ODM（Original Design Manufacturer，原廠委託設計代工）訂單，並向外釋放訊息，以爭取訂單；並跟隨台灣外貿協會國際參訪團的腳步，開拓國際市場，成效斐然。

Tinfo機械製造訂單主要來自第讚企業轉單，以從台灣、中國進口的原物料，搭配向日本企業購買的電控系統，組裝成標準化的初級產品，再海運回台灣，轉由第讚企業進行細部加工，與客製化機械零組件配置，為標準的來料加工業務。

自2010年以降，因台灣與中國簽屬ECFA（Cross-Straits Economic Cooperation Framework Agreement，海峽兩岸經濟合作架構協議），從中國進口的原物料價格下滑，透過泰國從事三角加工，不再具有競爭優勢。到了2014年，Tinfo正式終止三角加工相關業務。

結束三角加工業務後，林盈攸決定轉攻泰國塑膠市場，經由密集參加泰國塑膠相關展覽，客戶數現已超越260家。不過，Tinfo產製的塑膠袋、塑膠瓶、塑膠杯等產品，依然

先運至台灣，再以「Made in Taiwan」名義銷回泰國；如此，成本雖增加8%，但售價卻可抬高35%，仍頗為划算。

創立自主品牌Ollbag

近年來，因林盈攸小兒子攻讀設計，Tinfo再次著手轉型，跨入袋類產品設計領域，並於2015年，創立自主品牌Ollbag。之後，Tinfo採B2B模式，為多家服飾、汽車品牌商，設計與生產搭配商品、禮品的無紡布袋，如泰國機場King Power購物袋、HONDA車廠禮品袋，積極開發高單價產品。

Tinfo挑選無紡布袋，切入袋類產品終端市場，考量點無他，在於不與機械設備廠商為敵。至於機械設備貿易，Tinfo除行銷台灣製的機械，針對不同客戶的需求，亦適時推廣台資企業中國廠的商品，進一步擴大產品線。

雖然，相較於中國製機械，台灣製、台廠製機械價格高出35%至40%，但客戶仍樂於購買，關鍵即在於台廠的售後服務較優，令他們相當安心、滿意。目前，Tinfo年營收約泰銖1億元，機械買賣比重仍最高，但營業額起伏較大，袋類產品則次之。

因昔日有過多次慘痛經驗，Tinfo 不再從台灣延聘幹部。林盈攸無奈地說，台籍幹部多抱持過客心態，既不肯學習泰文，又不願融入當地社會，Tinfo 還得為他們另請翻譯，並額外給予返鄉假，成本相當高昂；況且，台籍幹部常成貫徹管理紀律的障礙，徒增困擾。

新增獲利分潤給員工

員工管理大不易，林盈攸裁撤品性不良的員工，從根防杜爆發有損企業形象、動搖員工士氣的事件。她更要求預計接班的二兒子，強化泰文能力，以期可與員工深度溝通，並讓員工參與企業盈虧，將新增的獲利分潤給員工，增加他們的向心力。

由於林盈攸未入籍泰國，Tinfo 部分業務仍需泰國人參股，方可合法進行。林盈攸將 Tinfo 的 60% 股權，釋予忠誠度高的資深員工，自己保留 40% 股權，以維持營運主導權。

晚近，泰國、中國競爭對手快速崛起，競爭益發激烈。林盈攸深感，過去倚賴的商業模式，已無法繼續確保競爭優勢，唯有多點突破，Tinfo 才得永續經營，迎接下一輪盛世。

培養技術工任重道遠

　　首先，泰國大型企業客戶已掀起接班潮，但企業第2代經營理念、風格，多與第1代大不相同。林盈攸二兒子已進入Tinfo任職，他與客戶第2代經營者較易溝通、協調，業績現已與母親並駕齊驅。

　　此外，機械買賣為Tinfo之命脈，未來應提供更多加值服務，如主動告知客戶，新購機械可開發何種產品線，並引介客戶參訪優質企業，學習工廠管理、人資管理的新知識，強化與客戶的關係；並結合全球環保趨勢，向客戶推銷新產品。

　　「經營Tinfo，最困難的，莫過於培養技術工。」林盈攸指出，Tinfo以產品售後服務、維修取勝，對技術工要求甚高，未來將嘗試循2條途徑紓困。第1條途徑為，請周遭客戶提供代訓機會，薪資由Tinfo支付，技術工再返回Tinfo任職，「第2條途徑則是，將技術工送回第讚企業訓練，但受限於現行法令，僅能短期入境，期待台灣政府來日可適度放寬限制。」

Tinfo 小檔案：

創立：2003年

創辦人暨總經理：林盈攸

產業別：塑膠、機械

地點：泰國曼谷市

企業策略：先進軍歐洲市場，並跟隨台灣外貿協會國際
參訪團的腳步，開拓國際市場。曾靠三角加工獲利，當
台、中簽署ECFA後，轉攻泰國塑膠市場，並密集參加
泰國塑膠相關展覽；近來，再次著手轉型，跨入袋類產
品的設計，並於2015年，創立自主品牌Ollbag。

7 | Amallion 獲 5 巨擘青睞 在夕陽產業中綻放光芒

大樹底下好乘涼。諸多台資中小企業外移，動機無非是跟隨主要客戶的腳步；然而，產業趨勢數年一變，到了海外，中小企業如仍只寄望原有客源的庇蔭，不嘗試開拓新客源，終將隨波逐流，或客死異鄉。

前5大客戶為日、韓商

於 1986 年從台灣遷廠至馬來西亞的新揚多元控股，在 1999 年時，因當時的主要客戶台達集團赴泰國拓點，也亦步亦趨前往泰國，創辦 Amallion。成立初期，Amallion 還得向馬來西亞母公司借調技術人員，營運備極艱辛；待突破語言、技術障礙後，不間斷地嚴謹培訓員工，產品良率才得以提升。

幸而，Amallion 不故步自封，積極開拓新客源；今日，前5大客戶皆為日商、韓商泰國廠，包括 Toshiba（東芝）、

Canon（佳能）、Sharp（夏普）、Samsung（三星）與 LG
（樂金），業績約為新揚多元控股的 3 倍。其中，Toshiba 為
第 1 大客戶，占比約 20%，Canon 則為第 2 大客戶。

　　新揚多元控股已在馬來西亞股市掛牌，Amallion 幹部每
月都得飛往馬來西亞，到母公司進行業務簡報。今日，因
Amallion 業績遠高於母公司，已是集團內的實質主導者，未
來更規畫晉升為泰國上市企業。

　　Amallion 主力產品為 PCB（printed circuit board，印刷電
路板）單面板，大多應用於家電產品、遙控器、電源裝置為
較低階的電子零組件，價格亦較低。因 PCB 單面板產業利
潤微薄，僅「毛 3 到 4」（毛利率 3% 到 4%），加上易衍生環
保爭議，已屬夕陽產業。

員工國籍多元如聯合國

　　21 世紀前，PCB 單面板產業競爭尚稱激烈，但近年
來，台灣、中國 PCB 單面板企業已紛紛歇業，或將生產基
地南遷至東南亞國家，以降低生產成本，Amallion 亦是其中
一員。但是，興建 PCB 單面板新廠耗資不斐但利潤有限，
罕有新進競爭對手；且每當有競爭對手關廠，Amallion 訂單

即可望增加。

　　泰國法定基本月薪為泰銖300元，雖較台灣低廉許多，但員工教育程度亦較低，舉三有時尚不能反一，導致Amallion早年產品良率偏低，開拓新客源頗為不易；經過多年的訓練、調整，員工素質現已相當整齊、穩定，客源、業績皆遠高於創業初期。

　　在台灣、沙烏地阿拉伯等國家，泰國勞工是外籍勞工的主力。但在泰國，缺工情形卻日益嚴重，愈發仰賴緬甸勞工，負責低階工作。目前，Amallion員工超過250人，泰國籍員工約200人，緬甸籍員工約40人，還有來自柬埔寨、孟加拉的勞工；緬甸籍勞工大多久居泰國，泰文聽說流利，幾與泰國勞工無異。幹部分別來自台灣、中國、馬來西亞，馬來西亞幹部亦深諳中文，彼此溝通無礙。

　　Amallion員工流動率不高，還有20多名資深員工，從始業首日任職至今，幹部年資皆逾10年，向心力甚強。與其他東南亞國家相較，泰國不曾聽聞排華浪潮，政治局勢亦最穩定，與中國相較，泰國工資調漲較為緩慢，堪稱投資寶地。

服務快速終獲日商信任

爭取到Toshiba、Canon等數家日商泰國廠的訂單，實為Amallion生根、茁壯的轉捩點。不過，日商對協力廠商的產品品質、製造環境，標準相當嚴格，不容絲毫瑕疵；Amallion為此吃足苦頭，但亦同時提昇技術力與競爭力，獲益匪淺。

與日商合作，最辛苦的，莫過於在過程中，得不斷修改、調整；更有日商以放大鏡，檢查樣品表面有無刮傷，若要求修改，絕無商議餘地，Amallion亦因此更新機器、設備。Amallion最大競爭優勢，在於服務快速，客戶隨傳隨到，終獲日商信任，建立長期、穩固的合作關係。

近年來，眾日商客戶持續要求Amallion，將產品售價壓低5%，且Amallion廠房產能已飽和，有時為如期交貨，連星期六、日，都得日夜開工，一天24小時不停歇。因此，Amallion現已著手興建第2間廠房，以求轉型、升級，且增加收益，並承接馬來西亞母公司的代工訂單。否則，一旦應允日商客戶的條件，必將無利可圖。

不過，因興建新廠支出甚鉅，在完工、啟用投產前，Amallion財務報表中與獲利相關的數字必將下修，將成為在

泰國股市上市計畫的絆腳石。Amallion寄望在新廠營運步上軌道後，且財務報表數字更亮麗後，再逐步推動上市計畫。

興建新廠房並規畫上市

迄今，Amallion仍是新揚多元控股的子公司，業績雖較高，但重要決策仍得向新揚多元控股報備；在泰國上市後，將可獨立運作，縮短決策、應變流程，營運將更順暢、靈活。

只是，縱使是曾天下無敵的蒙古帝國、大英帝國，最終仍王氣黯然、分崩離析，風光多年的日商Toshiba、Sharp，營運每下愈況，亦不再是產業領頭羊，甚至淪為其他企業覬覦吞併的對象。Toshiba被迫出售半導體部門，以償還鉅額債務，Sharp更遭台灣鴻海集團併購。

Toshiba、Sharp皆為Amallion重要客戶，訂單約總業績30%至40%；兩大客戶發生巨變，劇烈衝擊Amallion營收。例如，Sharp現已隸屬鴻海集團，鴻海集團早已建立自給自足的電子零組件供應鏈，以垂直整合能力強大著稱，亦擁有PCB廠，可自行供應PCB單面板。

　　面對產業變局，Amallion除繼續深耕既有客戶，以期增加訂單，更將戮力開發新客源，以補足可能流失的訂單，更將戮力開發新客源；新客源標的除了國際大廠，更鎖定泰國在地客源，後者訂單數量雖較低，但利潤卻高達約50%，極具開發價值！

Amallion 小檔案：

創立：1999年

總經理：楊爵光

產業別：PCB

地點：泰國北攬府

員工數：逾250人

企業策略：提升技術能力，更新機器、設備，爭取到日商、韓商之訂單，現更興建第2間廠房，以求轉型、升級，並擴大產能。未來，將計畫在泰國股市掛牌，並戮力開發泰國在地客源。

8 │ NASCO採地方包圍中央策略 成泰國衛浴產品B集團龍頭

今日,東南亞國家已是全球企業兵家必爭之地,前往布局的台資企業,既無歐、美、日廠商的國際品牌優勢,亦難以如中國企業般,以數量戰、價格戰搶市,想在中南半島殺出一條血路,實非易事。

然而,在東南亞國家,早有許多台資企業生根發芽,如泰國第4大衛浴產品品牌商NASCO衛浴;他們的經驗與血淚教訓,對有志進軍東南亞市場的台資企業,正是最佳警世、醒世明燈。

從聖誕燈廠到衛浴設備廠

1987年赴泰的NASCO創辦人暨董事長黃呂聰基,原為台灣聖誕燈企業負責人;因美元匯率及勞工缺乏,將燈業轉廠於曼谷,並於1990年與友人共創NASCO。從聖誕燈專業加碼衛浴產業,關鍵在於合夥人是陶瓷專科,而且衛浴設備

是日常生活必需品，不若聖誕燈業有淡旺季的落差。

　　不過，投資衛浴產業，金額多、風險大，且泰國衛浴市場早已被國際品牌American Standard（美國標準）、Kohler與泰國品牌Cotto所壟斷，連黃呂聰基的親友們，都不看好NASCO的未來。其中，Cotto為泰國暹羅水泥集團SCG子公司，不僅資金豐厚，並獲日本衛浴大廠TOTO技術奧援，為最具競爭力的泰國品牌。

　　NASCO創立初期，以代工為主力業務，客戶正是各大衛浴品牌商。但數年後，黃呂聰基驚覺，若無自主品牌，未來道路勢必愈走愈窄；果不其然，在中國衛浴產品商快速崛起後，以低價搶奪代工訂單，幸而NASCO已自創品牌，否則將無以為繼。

　　1997年，亞洲金融危機爆發，泰國受創最深，民生凋敝、百業蕭條；數年後，才逐漸恢復生機。黃呂聰基回顧，當時確實頗為難熬，NASCO也曾祭出裁員、放過無薪假，多方開源節流下，才安然度過危機。

泰國第4大衛浴品牌

　　20世紀90年代後，中國躍居「世界工廠」，若干泰國

台資企業亦將生產基地，北遷至中國，也曾到中國考察的黃呂聰基，認定溫良的佛國文化，於是繼續固守泰國。

　　品牌之路，備極艱辛。黃呂聰基苦笑地說，NASCO競爭對手皆為產業巨擘，自創品牌之後，只能篳路藍縷、慘澹經營，因企業規模不大，無力一次大舉投資；經過多年流血、流汗，終於躋身泰國第4大衛浴品牌。

　　雖是泰國第4大衛浴品牌，但市占率僅約5%，年營業額約泰銖5億元，與前3大品牌仍有相當的距離。NASCO的競爭優勢，在於價格較低廉，且為泰國本土品牌，較易獲消費者指名購買。

　　黃呂聰基不諱言，市場競爭籌碼為價格低廉，但要在大型連鎖量販中心上架，利潤極低，是當前的困境。後進品牌打入都會區通路，頗為不易，因此他採取「以地方包圍中央」策略，先與郊區、鄉村店家合作，待打響知名度後，再與都會區通路洽談。

中國品牌尚不具威脅

　　主攻泰國內銷市場的NASCO，在泰國南部、東北、北部、中部等4大區，擁有約700個銷售點。NASCO產品亦銷

往鄰近的緬甸、寮國、柬埔寨等；黃呂聰基指出，產品銷往緬甸等鄰國，因許多通路是由邊界商家自行出口，買賣亦以泰銖計價，故視同內銷市場。

NASCO也與台灣、越南、泰國著名品牌大廠合作，將產品外銷至台灣、越南等國。黃呂聰基強調，前3大衛浴品牌鎖定高階市場，NASCO產品則橫跨高、中、低階市場，「中、低階產品皆堪用，且安全無虞。」

如果將在泰國銷售衛浴產品的企業，分為領先的A集團，與在後拚命追趕的B集團。黃呂聰基直言，A集團成員僅有前3大衛浴品牌，B集團則包括NASCO、泰國與中國品牌商，「在可見的未來，NASCO的營運目標為，持續坐穩B集團龍頭，並縮短與A集團的差距。」

黃呂聰基認為，NASCO產品品質與前3大衛浴品牌差距甚微，前3大衛浴品牌的領先優勢，泰半來自品牌效應，NASCO短期內僅能徐圖逼近，暫不奢談取而代之，而同屬B集團的中國衛浴品牌商，進軍泰國已逾15年，但產品品質、售後服務仍不及NASCO，尚未造成威脅。

擴大自動化克服缺工

　　黃呂聰基剴切地說，泰國人愛國心強烈，以「Made in Thailand」為榮，台灣品牌並無加分效應，所以NASCO自我自位為泰國品牌商。

　　為因應時代潮流，NASCO每年皆研發、設計新產品，積極與同行互動交流，努力提升品質，再根據泰國消費者的使用習慣，研發新產品。經過近30年的奮鬥，NASCO員工數已逼近500人，分別負責業務、廠務、銷售等。其中生產部門約半數為緬甸籍勞工，但泰、緬對勞動契約時有變更，黃呂聰基現已暫緩引進緬甸籍勞工，轉而添購自動化設備，以克服缺工問題。

　　NASCO已完成接班布局，做好永續經營準備。黃呂聰基的兒子在外商歷練約6年後，返回NASCO任職，現已升任總經理，合夥人的女兒則擔任副總經理；2人皆通曉泰文，與泰國籍幹部溝通無礙，亦皆從歐美留學歸泰，將有助於NASCO開拓國際市場。

期縮短與前3大距離

　　「在泰國經營事業，除了應提供勞工合理的薪資，更要讓他們感受被尊重。」黃呂聰基加重語氣說，台灣、泰國國情不盡相同，台灣勞工習以為常的制度，泰國勞工可能完全無法接受，企業經營應避免倚賴「台灣經驗」；NASCO亦多拔擢泰國籍幹部，以期降低勞資糾紛。

　　與其他東南亞國家相較，泰國勞工較為溫和，罕傳罷工事件，多以怠工表達抗議。有次，NASCO薪酬計算方式，因工人不瞭解而引起不滿，發生怠工抵制，所幸管理階層積極明快、協調溝通，半天之內就讓事件和平落幕。

　　「未來，期待在拉近與前3大衛浴品牌市占率後，可抬高產品價格與利潤。」黃呂聰基樂觀地說，NASCO現已致力擴大在緬甸、寮國、柬埔寨等國的銷售量，亦將新建廠房，擴大生產量能與自動化生產比例，以求蓄積更多能量，突破當下的困境！

NASCO 衛浴小檔案：

創立： 1990年

創辦人暨董事長： 黃呂聰基

產業別： 衛浴產品

地點： 泰國龍仔厝府

員工數： 近500人

企業策略： 創立自主品牌，採取「以地方包圍中央」策略，先與郊區、鄉村店家合作，待打響知名度再與都會區通路洽談，持續擴大自動化製造比例，以坐穩B集團的領先地位，拉近與A集團的差距。

第三章

越南篇

導讀

台資企業海外投資　越南躍居第2大國

　　在東南亞國家中，越南文化與台灣甚為相似，且航空距離不遠。因此，在中國工資節節高漲後，愈來愈多台資企業將生產基地，從中國遷往越南。目前在台資企業的海外投資中，越南已躍居第2大國，且占比逐年提高。

南北越都有台商足跡

　　越南國土狹長，南部因基礎建設較佳，外資企業在越南建立灘頭堡，多選擇先落腳胡志明市周遭省分，台資企業亦不例外。近10年才陸續有較多的台資企業，到以首都河內市為中心的越南北部各省建廠。

　　亞洲義大利門板的主力產品為櫥櫃門，櫥櫃門技術門檻高於傢俱業其他零組件，且因越南罕有企業專事生產櫥櫃門，又考量在美國、台灣，為房屋買賣的必要配備，亞洲義大利門板以奇兵致勝，設廠於越南平陽省板，憑藉專營產品，行銷美國、中國、義大利等國。

　　以美國為主要市場的傑義國際，在台灣原以椅子、櫃子

為主力產品，南進後靠松木床立定腳跟，選擇在越南南部的平陽省建廠，關鍵在於平陽省鄰近胡志明港，可壓低外銷運輸成本，且轄有神奈、同安2座工業區，工業區內已形成傢俱產業聚落，受惠於群聚效應，當地政府也提供外資企業租稅優惠。

配合大廠供應鏈移動

陸發機械主力業務為販售鋼材與鋼材產品加工，赴中國發現起重機商機潛力豐厚，遂從廣東東莞廠起步，2008年在客戶的邀請下前往越南，一開始與其他企業集資建立機械產業園；後因路線規畫調整，遂而租賃原廠房繼續生產起重機相關產品。今日陸發機械已將製造重心與其他產品的生產線，都移至越南。

從台南市發跡的仁美商標工業，為台灣最大的織標、印標等輔料製造商，在1996年時赴越南投資，迄今已逾23年，現共有同奈廠、河內廠與胡志明廠等3廠。在越南建廠初期，開拓客源頗為艱難，仁美商標工業決定採用較高階的設備，並引進織造業最尖端的技術，以確保競爭優勢。

楊忠螺絲成立於2009年，專事生產傢俱用螺絲，生產

技術皆為自行研發，但因螺絲線材屬低碳鋼，半成品需經熱處理，2016年在螺絲廠旁興建熱處理廠，已可自行半成品熱處理，未來計畫再增設抽線廠，完成一條龍產業鏈，不僅可提供自家所需線材，亦可將線材銷售予其他同業。

鳳凰塗料1998年跟隨機車大廠布局海外，為越南成立的第3家塗料廠，但機車塗料收益已不復昔日風光，遂積極拓展不同產業的當地客群，如食品、木器、化妝品企業，又為因應匯率變動衝擊，在塗料品項中增加較特殊的摩托車耐熱烤漆等，以跨足傢俱五金、電子零組件出口，與吸塵器代工等業務。

台資企業樹立標竿

大亞（越南）電線電纜為響應當時台灣政府的南向政策，1995年前往越南南部同奈省拓點，2004年在北部的海陽省增設分公司，2006年在越南掛牌上市，成為首家100%外資的上市企業，主力產品包括漆包線、塑膠電力電纜、中低壓電線電纜、XLPE電力電纜等。更在外資電線電纜企業中，兩次奪得越南國家品質金獎，為越南台資企業樹立新標竿。

　　仰賴過往累積的製造技術競爭力，且在工廠管理技術方面領先，成為台灣中小企業在越南設廠的重要優勢之一。為了避免受到當地或其他外資廠商的追趕，台商除了主動出擊爭取訂單，盡力滿足客戶要求，嚴守交貨時程等特性，並積極升級產品及技術，且強化產品售後服務，以利成功打入外資大廠的供應鏈之中。

1 | 產製媲美義大利製櫥櫃板
亞洲義大利門板奇兵致勝

　　中小企業經營者應體悟，「弱水三千，唯取一瓢飲」，與其兵分多路，積極尋找自身定位，專注於最有機會獲利的產品、服務；先求生存，再圖壯大。設廠於越南平陽省的亞洲義大利門板，憑藉著專營櫥櫃門，即可壯大為產品行銷美國、中國、義大利等國，員工數逾300人的企業。

在客戶支持下創業

　　亞洲義大利門板創辦人暨總經理謝茂山，在退伍後，前往久鼎金屬實業集團下中國廠（元大金屬股份有限公司深圳廠任職多年）。2004年，因職涯遭遇瓶頸，轉往越南發展，任職於一家傢俱企業；沒多久，傢俱企業股權轉售他人，並停產櫥櫃門，而他在原有客戶出資支持下，共同創辦亞洲義大利門板，並聘僱原任職傢俱企業的技師、離職幹部。

　　櫥櫃門雖多由傢俱企業產品，但在市場上，多歸類為建

材類產品，而非傢俱類產品；在美國、台灣，為房屋買賣的必要配備。因越南罕有企業專事生產櫥櫃門，股東即是客戶，亞洲義大利門板遂以櫥櫃門為主力產品，並如願以奇兵致勝。

因稅務制度、人工成本等營運條件，越南仍優於中國，故謝茂山決定將生產基地設在越南。櫥櫃門技術門檻，高於傢俱業其他零組件，工藝精緻的義大利產品，向來被視為櫥櫃門中的精品；謝茂山期許自家產品，品質可媲美義大利產品，加上股東的客戶多為義大利人，故將公司命名為亞洲義大利門板。

亞洲義大利門板創立於2006年，到了2007年年初，即正式量產櫥櫃門，並出口至義大利。旋即，2008年全球金融海嘯來襲，之後又爆發歐債危機，義大利經濟屢遭重創，亞洲義大利門板一度岌岌可危；謝茂山痛定思痛，決定擴展客戶範圍，以分散風險。

增加美國出口外銷比重

目前，義大利訂單的比重大幅度下降。亞洲義大利門板現有訂單，大部份來自美國，一部份來自中國、東南亞，目

前出口外銷將成為亞洲義大利門板的業務新重心。

生產櫥櫃門精密度較高，需高度仰賴自動化設備；因此，在亞洲義大利門板成本結構中，人力約占 12%，原物料占比最高，約 55% 至 65%。亞洲義大利門板使用的原物料，進口材料以紅橡木、樺木為最大宗材料，外銷至美國、中國、東南亞；其次為越南的苦苓木、橡膠木……等材料。

「美國企業若到越南採購櫥櫃門，最後多會找上亞洲義大利門板。」謝茂山直言，實際亞洲義大利門板的品質是符合目前美國企業要求，亞洲義大利門板為少數的櫥櫃門專業廠商之一，較易從眾多競爭者脫穎而出。

仍將主攻美國市場

數年前，亞洲義大利門板甫與美國總經銷商，簽訂產品代理合約。美國總經銷商產品品質標準甚高，不僅要求亞洲義大利門板櫥櫃門之甲醛含量（目前已通過 ICTT 公司公證同時取得美國 CARB P II 標準和 TSCA 的雙認證），更派遣專員親自到廠視察，確認製程、管理等環節，符合契約規範、美國法令。經此磨練，亞洲義大利門板的技術能力、企業體質，皆更上層樓。

　　至於歐洲市場，因義大利與東歐諸國皆盛產櫥櫃，對進口櫥櫃門需求量較低。就依現行局勢，亞洲義大利櫥櫃仍將主攻美國市場，並持續拓展東南亞市場。

　　目前又因美中貿易戰對中國影響加劇，現階段美國客戶尋找替代中國的供應商及中國工廠紛紛出走到越南尋找工廠或遷移工廠到越南生產，目前正是亞洲義大利門板積極培訓人員及增購新設備，維持一定的品質標準隨時準備接軌這波帶來的優勢，正面迎接轉型升級的重要機會。

將拔擢越南籍幹部

　　建廠初期，亞洲義大利門板廠房地坪約8000多平方公尺，建坪約5000多平方公尺，員工數約60人。亞洲義大利門板已遷至新廠，並陸續添購自動化設備；新廠地坪約2萬8000多平方公尺，建坪逾1萬8000平方公尺，員工數已增至約300人。

　　近年來，謝茂山考量企業前景，增聘數名負責管理、技術部門的台灣籍與中國籍幹部，日後將再增聘財務經理、業務經理，但基層幹部皆為越南籍。

　　「越南籍幹部大多學歷高、能力強，但技術仍有待提

升，需較長的時間培訓。」謝茂山指出，亞洲義大利門板除了提供員工基本薪資，亦訂定產值目標，再根據內部的獎勵機制，依貢獻度發放績效獎，「越南出口外銷市場重要性與日俱增，將來會從越南籍幹部中，擇優拔擢為高階幹部。」

計畫產製整套櫥櫃

不過，謝茂山不諱言，櫥櫃門僅是櫥櫃的配件，獲利空間有限，現行正積極開發爭取生產整套櫥櫃訂單，以提高營業額，擴大市場與通路，「投入新資金、新設備，增聘研發、企畫人才；而整套櫥櫃的市場，仍以美國為主。」

亞洲義大利門板小檔案：

創立：2006年

創辦人暨總經理：謝茂山

產業別：建材

地點：越南平陽省

員工數：約300人

企業策略：專攻櫥櫃門，在全球金融海嘯後，擴展客戶範圍，以分散風險，並積極轉攻出口外銷市場，紓解在國際市場的競爭壓力，並興建新廠，陸續添購自動化設備。現行已朝產製整套櫥櫃的方向前進，以提高營業額，擴大市場與通路。

2 ｜以雙層松木床立定腳跟
傑義國際站穩美國市場

　　橘逾淮為枳，台資企業外移，如果仍因循台灣的經營模式，很可能水土不服，甚至就此成為歷史名詞。1999年赴越南平陽省設廠的傑義國際，在台灣原以椅子、櫃子為主力產品，南進後幾經挫敗，但不故步自封，不斷進行摸索、嘗試，終靠松木床立定腳跟。

　　因越南人力、土地、原物料成本，遠較台灣低廉，台資傢俱企業紛紛遷徙至此，傑義國際亦是其中一員。以美國為主要市場的傑義國際，選擇落腳於越南南部的平陽省；關鍵在於，平陽省鄰近胡志明港，可壓低外銷運輸成本，且轄有神奈、同安2座工業區，工業區內已形成傢俱產業聚落，當可受惠於群聚效應；平陽省政府更提供外資企業8年的租稅優惠，前4年免稅，後4年稅賦減半。

中國遭制裁、越南獲利

　　傢俱產業聚落內眾廠商，雖名為同業，但因產品差距甚大，且大貿易商合作對象多為大型傢俱企業，小貿易商合作對象多為小型傢俱企業，彼此各安其位，競爭並不激烈，反而相輔相成。

　　傑義國際松木床的原物料，多由美國、智利、澳洲、紐西蘭等國進口；而近10年來，因除蟲技術精進，橡木蟲害已遭有效抑制，不再有難以處理的蛀孔，傑義國際亦採用橡木製床，因紋路優美，甚受消費者歡迎，已掀起時尚新風潮。

　　2002年，為越南傢俱產業勃興的轉捩點。該年，美國針對中國製的傢俱製品，課徵高額的反傾銷稅，並於2004年進行制裁。從此，多數國際貿易商轉往越南，尋覓新的合作對象，傑義國際亦是受惠廠商之一；當下，傑義國際尚未發展自主品牌，生產仍多配合進口商、貿易商需求。

　　在越南建廠初期，傑義國際約有30多名員工，現已增長至約250人，約60%來自外地。早年，台灣籍幹部與越南籍員工之間的語言障礙，為傑義國際營運的最大障礙，彼此溝通還得倚賴翻譯；直到兩造磨合出默契後，營運才步上

軌道。

　　培訓越南籍員工，頗為不易。例如，新進越南籍員工對機器生產，大多相當陌生，還以為傑義國際仍以鋸子製床，得經一段時間的培訓，他們才能熟悉生產流程，操作機器得心應手。

　　早年，越南勞工月薪約新台幣3,000元至6,000元，現薪資、保險、津貼與加班費，每月薪酬已調漲至約新台幣1萬元。而且，自2010年起，越南基本薪資幾乎年年調漲，每年漲幅平均約新台幣1,000元，人力成本負擔日重。

　　近年來，傑義國際積極添購先進的生產設備，以拉抬生產效率，並將人力成本壓低至約15%；另一方面，也降低粉塵污染對員工的影響，以留住現有員工，也減緩缺工衝擊。

　　傑義國際也轉為積極培植越南籍幹部，並訂定產能目標，以責任津貼、績效獎金留住人才，員工流動率不高，而幹部流動率更低，亦已建立儲備幹部制度，以備不時之需。

以多元化設計吸引顧客

　　傑義國際生產的松木床，以雙層床為主，不僅材料費較高，製程亦較為複雜，因使用者多為6到18歲的兒童、青少

年，還得符合出口國相關安全法規；但利潤不豐，越南僅有6家廠商有此產品，業績尚稱平穩。

即使競爭壓力不大，但傑義國際仍致力多元化設計，在色彩、圖案上力求變化，以期獲得更多消費者的青睞。

克服不同國家品味差異

美國市場雖大，但若只倚賴美國，風險過高。為分散風險，且中國、越南傢俱企業，紛紛加入競爭行列，傑義國際已嘗試透過現有客戶的協助，開發澳洲、英國與歐洲國家市場，以擴大客源、財源，並開創新局。

只是，不同國家的消費者，存有文化差異，偏愛不同材質、設計的床；例如，被譽為床中精品的義大利床，不見得每個國家的消費者都喜歡。未來，如何克服不同國家消費者的品味差異，將是傑義國際的一大挑戰。

計畫遷至南新淵工業區

昔日，越南基礎建設落後，動輒停電，令台資企業不堪其擾。今日，越南基礎建設已大步向前，供電情形已大幅改

善；但平陽省因吸納眾多外來人口，當地政府規畫將若干工業區，轉型為住宅區，愈來愈多工廠遷往較偏遠的南新淵工業區，傑義國際亦有遷廠到此的計畫。

　　然而，在歷史上，越南曾飽受列強殖民、欺凌，民族性格強烈，排外事件頻傳，實為外資企業營運的隱憂。台資大廠污染環境遭抗議，台資中小企業跟著提心吊膽；不幸的是，越南受中國殖民最久，兩國迄今關係緊張，當越南民眾排中排華情緒高漲，台資企業也常遭池魚之殃。

　　數年前，傑義國際附近爆發暴動事件，工廠、辦公室慘遭暴民攻擊而毀損，不僅求償無門，保險理賠亦遭拒。許多台資企業因而外移。加上，晚近因越南基本工資持續上漲，導致企業再將生產基地遷往更後進的寮國、緬甸、柬埔寨，但傑義國際不做此想。

　　關鍵原因在於，他國的人力成本，雖比越南更低，但勞工素質與工作效率仍有待提升，遷廠恐無法提升收益。

傑義國際小檔案：

產業別：傢俱

地點：台中市北屯區

海外據點：越南

企業策略：生產基地落腳於越南平陽省，著眼於鄰近胡志明港，可壓低外銷運輸成本，還可受惠於傢俱產業聚落的群聚效應。幾經摸索，選擇以松木床為主力產品，且多為雙層床，競爭者較少，終成功立定腳跟。為分散風險，已嘗試透過現有客戶的協助，開發澳洲、英國與歐洲國家市場。

3 │ 製造重心由中國遷越南
陸發機械謀畫進軍中東

　　對諸多台資企業而言，中國愈發像20多年前的台灣，
人工、土地成本不斷上漲，勞動、環保法規日益謹嚴，而越
南也愈發像20多年前的中國，經濟成長迅猛，處處充滿商
機。因此，中國台資企業紛紛將生產基地遷往越南，陸發機
械正是其中一員。

　　創辦初期，陸發機械主力業務為販售鋼材與鋼材產品加
工，原計畫赴中國耕耘機械產業，後因發現起重機商機潛力
豐厚，遂決定從廣東東莞廠起步，嘗試生產起重機（台灣
稱天車）。不久後，起重機即躍居陸發機械最重要的產品主
線，並創立「陸發天車」品牌。

訓練越南技術工難度甚高

　　受惠於起重機的業務增量，陸發機械規模不斷擴張；
2008年時，江蘇蘇州廠已後來居上，成為陸發機械的主力

軍，廠房面積廣達2萬平方公尺，員工數逾130人。

2008年時，在客戶的邀請下，陸發機械前往越南，一開始與其他企業集資建立機械產業園；後因路線規畫調整，遂而租賃原廠房，繼續生產起重機相關產品；直到2014年，才購置土地、建立自有廠房與專屬產線。今日，陸發機械現已將製造重心，與其他產品的生產線，移至越南。

陸發機械生產的起重機，承重量大多低於50公噸，若在中國製造，則需先取得起重機B級特種設備製造能力認證，且依據法規，應聘僱一定比例並持有高級執照的工程師與特種證照的技術工。但在越南生產，雖無此規範，但另有挑戰；由於越南並無技職教育體系，難以招募可快速上手的技術工，必須由台籍與陸籍幹部口授或現場教授，按部就班地教育與培養技術工。

只是，陸發機械招募來的越南籍員工，特別是來自偏鄉地區的員工，有些根本沒上過學，完全不識字，對工藝製程極度陌生，訓練過程相當冗長、繁瑣。

金屬箱終獲日商青睞

目前，陸發機械的主要產品，除起重機之外，還有鋼構

製件、客貨梯、金屬箱等。金屬箱為承裝化學產品的包材，為研發金屬箱，陸發機械耗費約4年時間，從設計、打樣，到寄交日本、新加坡，進行測試，逐一通過層層關卡；終於在2016年，取得日本企業的訂單，正式進入量產。

日本企業素以嚴謹著稱，嚴以律己，亦嚴以待人，對協力廠商製程任一環節，皆嚴格把關，絕不容許打折扣，以確保產品品質；為爭取日商訂單，陸發機械決定在越南建廠。在越南建廠後，陸發機械陸續將台籍與陸籍幹部，從各分廠遷調至越南。

近年來，起重機技術研發多著墨於節能、模組化，或開發新結構、新材質。迄今，在起重機製程中，自動化生產比例仍偏低，在焊接、安裝等環節，仍得由人工親自施作，機器無法代勞，尚屬傳統產業；因零組件重量不輕，更高度仰賴男性員工。

為客戶客製化起重機

因不同客戶的需求及現場條件，可能差異甚大，陸發機械會在施作前先派員前往客戶廠房，實際進行量測，以客製化起重機；因此，技術工的臨場經驗與應變能力，對起重機

品質影響甚鉅。

　　陸發機械越南廠的原物料，大部分在越南採購，較為特殊部分則從國外進口；至於重要零組件，來源多為中國、台灣企業，偶爾也會跟越南當地進口商購置；不過，標準化的零組件較易購齊，但特殊規格的零組件，較不易尋覓，有時需特製加工。

　　在越南，現共有3家專事生產起重機的台資企業，還有數家越南企業，加上若干將起重機列入產品品項的「非正規廠」，日後競爭將愈來愈激烈。因語言障礙，開發越南客戶不易，在南越南新淵擴大工業區設廠的陸發機械，起重機主要客戶正是南越的台資企業；至於北越，因越南南北距離甚遠、物流速度緩慢，無法評估正確交貨時間，故暫無開拓客戶之計畫。

　　至於陸發機械生產的金屬箱，仍以日本企業為主要客群；在可見的未來，希望可持續增加市場的市占率，並成功搶灘中東國家市場。當下，陸發機械訂單甚為穩定，常得24小時加班、產能全開，才能因應客戶需求。

將進軍柬埔寨以開創新局

近年來，越南政府愈來愈重視環保問題，電鍍汙染標準遠高於昔日，製造業業者若不與時俱進，向上發展空間有限；幸而，陸發機械可解決電鍍汙水問題，但因無電鍍特許執照，僅容許處理自家電鍍汙水，無法成為新的財源。

不過，台資企業成長速度，常超過越南落實法治、基礎建設現代化的速度。為此，陸發機械已計畫揮師柬埔寨，以維持企業再上層樓的成長動能。

陸發機械檔案：

創立：1998年

產業別：起重機、鋼構製件、客貨梯、金屬箱等

據點：越南

企業策略：在客戶的邀請下，前往越南設立廠房，因越南法規較適發展，遂將生產重心移往越南；以起重機為主力產品，但為擴展增加產品路線，耗費4年研發承裝化學產品的金屬箱，終於獲得日本企業的訂單。未來，為維持企業成長動能，計畫進軍柬埔寨與中東國家。

4 | 仁美商標工業經略越南
從篳路藍縷到笑傲南國

隨著中國工資持續飆漲，愈來愈多外資製造業，將生產基地移往東南亞國家。其中，越南因簽署多個自由貿易協定，更已躍居外資企業的最愛，被譽為「未來的世界工廠」，台商數量亦遠勝東協諸國。

從台南市發跡的仁美商標工業，為台灣最大的織標、印標等輔料製造商，在1996年時，即赴越南投資，迄今已逾23年，現共有同奈廠、河內廠與胡志明廠等3廠。同奈廠總經理郭順德因與仁美商標工業董事長林中舜投資理念相同，且兄長已在越南經營鞋廠，深知越南的風俗、民情，遂下定決心南進。

開放專業經理人參股

在此之前，郭順德曾在泰國經商，不害怕一切從零開始；當時，越南基礎建設相當落後，堪稱織造業的處女地，

極具發展潛力。他回憶道，起初家人極力反對他赴越，但現在，太太、兒子皆長居越南。

仁美商標工業的國際布局，除了於越南設廠，在中國、印尼、印度等國，亦已建立據點。仁美商標工業在台灣的廠房，如台南廠、台北廠、台中廠，皆為林中舜自有，但海外分廠，則開放專業經理人參股，並自負盈虧，以提升專業經理人的戰鬥意志。

只是，全外資的企業進入越南投資，手續相當繁瑣、冗長，仁美商標工業難以在短期內申請到執照。因此，仁美商標工業先依附鄰近的毛巾台資企業，並開立毛巾台資企業的發票，直到2001年才獨立。

仁美商標工業各分廠客戶雖有部分重疊，但「兄弟登山、各自努力」，絕不惡性競爭。舉凡品牌維護、新產品開發，與形象廣告、海外參展、向大客戶介紹產品等相關事宜，皆由台灣總公司負責，並統一執行，再將資訊傳遞給各分廠。

要求台籍幹部學習越文

經過逾20年的努力，仁美商標工業越南各廠，通過

NIKE、PUMA、ADIDAS、NB等全球知名運動品牌商之認證，並獲得ISO-9001與ISO-14001認證，生產流程、勞工安全、環境衛生、廢棄物處理等項目皆已達標，成為它們的紡織零配件供應商。

在越南建廠初期，開拓客源頗為艱難，堪稱篳路藍縷；郭順德決定採用較高階的設備，終於爭取到較高階的產品訂單。目前，仁美商標工業越南各廠使用最先進的德國、瑞士機台，並引進織造業最尖端的技術，以確保競爭優勢；經整合上、下游後，現已笑傲南國，共有8間廠房，員工數更從最早的30餘人，成長至千餘人。

「我要求所有台灣籍幹部，都得學習越南文，可與越南員工直接溝通。」郭順德指出，在越南，仁美商標工業薪資屬中上等級，但因福利佳、賞罰制度明確，員工向心力甚強，年資超過10年以上的員工，約占所有員工的三分之一，「且織造廠建廠門檻高、製程複雜，一般員工難以全盤掌握製造技術，不必擔憂在地員工自立門戶。」

近年來，產品少量多樣化已是全球織造業的主流趨勢，且生命周期愈來愈短；仁美商標工業若再如昔日般，仰賴自台灣進口原物料，從接訂單到交貨，最快也得10餘天，實無法因應客戶打快速戰之需求，現已轉為就地取材。

擁「一條龍」生產線

　　而在織造業的新產品開發上，現已益發重視向上、橫向之整合。為迎合產業趨勢，仁美商標工業特在越南，購併一家染廠，並增加領片、織帶、熱轉燙商品等品項，以強化競爭力。

　　當下，國際知名運動品牌廠商皆要求織造業協力廠商，必須以「一條龍」方式生產配件，除了材料採購外，應統包設計、開發、加工、生產等環節，維護產品品質於不墜，防止產品遭仿冒。仁美商標工業現已完成建置「一條龍」生產線，其特點為資本密集、技術密集，幾無越南廠商可介入。

　　仁美商標工業的新產品研發，亦由母公司、分廠分工合作；中、低階的技術、材料、樣式研發，如商標的變化、應用等，由分廠自行負責，母公司則負責高階技術、材料、樣式研發，如新材料的測試、研發等。

　　因為技術日新月異，仁美商標工業現採用德國製機器，輔助產品切割、生產，不僅速度快、樣式多，還可將商標直接繡在鞋面上，做成一片式鞋面布與緹花布料，可節省鞋廠最少60%以上人工成本，有助於企業轉型、升級。未來，此技術若能廣泛應用，可望成為仁美商標工業再次成長的新動能。

越南台資企業憂查稅

在業務拓展上，每一季，仁美商標工業台灣母公司皆編制新產品目錄，分送給各分廠，再由各分廠轉達給各客戶，各分廠依比例分攤品牌維護費。各大國際性展覽，亦由母公司統一策畫、參展；至於越南的紡織展、鞋類展，則由越南各分廠負責，母公司再依分廠所需，提供所需產品、人力奧援。

仁美商標工業打入NIKE供應鏈，乃透過NIKE產品代工廠寶成實業。寶成實業到越南設廠，時間點與仁美商標工業相去不遠，廠房周遭亦形成相關產業的聚落，有利於仁美商標工業開展業務。

早年，郭順德除了指派主管拓展客戶，亦訓練越南籍業務員，透過重複拜訪的方式，開發諸多新客戶；今日，客戶除了NIKE等國際大廠，還包括多家外資企業與越南廠商。

「越南屬外匯管制國家，且銀行貸款利率，高達8%到9%。因此，台資企業到越南投資，唯擁有充裕的自有資金，才能在此立足。」郭順德直言，在地政府查稅，則是越南台資企業的另一大困擾。

仁美商標工業小檔案：

創立：1982年

董事長：林中舜

同奈廠總經理：郭順德

產業別：織造

地點：台南市歸仁區

海外據點：中國、越南、印尼、印度

企業策略：使用最先進的德國、瑞士機台，引進織造業最尖端的技術，以確保競爭優勢，建置「一條龍」生產線，並訓練越南籍業務員，透過重複拜訪的方式，開發諸多新客戶。

5 ｜台僑第 2 代移植台灣經驗 楊忠螺絲產能成長近 20 倍

　　台商前往世界各國尋覓、開創商機，有些更在異鄉落地生根、開枝散葉；台商子弟大多至少通曉 2 種語言，至少熟稔 2 種文化，可成為台灣拓展外貿的重要臂膀。設廠於越南平陽省的楊忠螺絲，總經理楊子坊即是台僑第 2 代；他成功將台灣經驗複製至越南，自創業以來，產能已成長近 20 倍。

　　早在蔣介石仍於台灣主政時，楊子坊的父親即移民越南。1981 年在越南出生的楊子坊，1999 年、18 歲時，他前往平陽省一家台資螺絲商任職，負責螺絲熱處理。期間，他認識一位赴越技術指導的台灣電鍍廠負責人；2003 年時，他渡海來台，至此家電鍍廠工作，認真學習技術。

螺絲內銷利潤高於外銷

　　2008 年，楊子坊返回越南，先從事貿易，進口傢俱用螺絲。在掌握客源後，2009 年時，他申請工廠執照，從台

灣購買機器、設備，成立楊忠螺絲，專事生產傢俱用螺絲，管理模式與一般台資企業無異。

剛開始投產時，楊忠螺絲僅有3套舊型機器、設備，月產能僅8至9公噸。之後，楊忠螺絲產能持續倍增；2010年時，月產能已增至10餘噸，其後每年月產能擴大10餘公噸，2013年月產能躍升為70至80公噸。目前月產能已逼近200公噸。

楊子坊雖擁有台灣籍，但因在越南土生土長，楊忠螺絲亦被視為越南企業，在越南內銷市場，相較於外資企業，包括台資企業，更具人和的優勢。目前，因競爭對手不多，越南螺絲內銷市場競爭並不激烈，令內銷利潤高於外銷。

「原因在於，製造螺絲的機器相當昂貴，加上興建廠房，費用更為可觀，進入門檻不低。」楊子坊解釋，楊忠螺絲的競爭對手，僅有1家越南廠與台資企業，但台資企業主攻外銷市場，而楊忠螺絲約80%營收，來自平陽省、同奈省、胡志明市3地的越南傢俱廠，「其他客戶為台灣傢俱廠、中資企業，但中資企業購買螺絲後，大多再轉售給越商。」

跨入生產自攻螺絲行列

近年來，拜越南經濟蓬勃發展之賜，四處可見新建廠房，用來固定廠房屋頂的自攻螺絲（不必鑽孔即可自行攻螺紋），需求量愈來愈大；於是，楊忠螺絲現亦跨入生產自攻螺絲的行列。

楊忠螺絲的螺絲生產技術，皆為自行研發；螺絲線材屬低碳鋼，主要供應商為越南台資企業。螺絲線材半成品需經熱處理，方可使用，因熱處理廠投資金額相當龐大，楊忠螺絲先前皆將熱處理委外；2016年，楊子坊與友人合資，在螺絲廠旁興建熱處理廠，之後才自行進行半成品熱處理。

除了為自家螺絲線材半成品進行熱處理，楊忠螺絲的熱處理廠亦為其他企業代工；產能滿載時，熱處理量可達約600公噸，利潤30%至40%，已成楊忠螺絲的新財源。

為確保產品品質，並讓客戶安心，楊忠螺絲已預訂購置品管設備，以量測螺絲的硬度。現已獲得諸多潛在客戶，若品管設備到廠，隨即將產品移交給楊忠螺絲加工，屆時產能將迅速滿載。

計畫完成一條龍產業鏈

　　與一般螺絲廠大同小異，楊忠螺絲主要分為打頭、抽芽2大部門，員工數約40人，熱處理廠員工數約10人，全為越南籍勞工，多來自南越6個省分。因越南物價飛揚，為因應家庭生活開銷，越南勞工僅選擇可加班的工廠；於是，楊忠螺絲亦採一天兩班制開工。

　　單論薪資水平，楊忠螺絲勞工已逼近台資企業。若是沒有任何相關產業經驗的新進勞工，薪資略低於外資企業新進員工；如果是經驗豐富的師傅，薪資可能高於台資企業的員工。楊子坊透露，楊忠螺絲一般師傅每日約工作10小時，月薪約新台幣3萬元，有位兼具電工、熱處理技術的師傅，月薪已逼近新台幣4萬元。

　　越南經濟發展，傲視全球新興國家；楊忠螺絲等企業成長如猛虎出閘，但土地價格飆漲速度更似飛龍在天，縱是猛虎亦難以追趕。而楊忠螺絲廠房土地，幸因楊子坊可如越南公民般，擁有廠房土地，不像外資企業的企業主，僅能享有一定年限的地上權。

　　在可見的未來，楊忠螺絲計畫購置鄰近廠房附近的一塊土地，增設抽線廠。楊子坊分析，抽線廠運作相對單純，利

潤10%以上，相當穩定；而抽線廠完工、投產後，楊忠螺
絲即可完成一條龍產業鏈，不僅可提供自家所需線材，亦可
將線材銷售予其他同業。

長期目標訂為生產螺帽

較遠期的既定計畫，則是跨入生產螺帽。目前，越南所
需螺帽皆從台灣進口，楊忠螺絲若可生產螺帽，銷售成績必
將頗為理想；但因螺帽生產設備售價，遠高於螺絲打頭、抽
芽機器，在投資優先順序上，排在興建抽線廠之後。

在營運上，楊忠螺絲的主要困難，在於資金調度。楊子
坊指出，楊忠螺絲除股東自有資金，並未向銀行借貸，主因
在於手續過於繁瑣；為了降低資金壓力，楊忠螺絲已與台資
公司合作，有關製造螺絲的機器設備融資租賃。

「在我看來，越南螺絲產業尚有5年好光景；5年之後，
獲利將逐步下修、趨於平緩。」楊子坊嚴肅地說，楊忠螺絲
日後亦計畫遷廠至較偏遠的郊區，以利進一步擴充企業規
模。

楊忠螺絲小檔案：

創立：2009年

創辦人暨總經理：楊子坊

產業別：螺絲

地點：越南平陽省

員工數：約50人

企業策略：先從事貿易，進口傢俱用螺絲，掌握客源後，再設廠投入製造，主攻越南內銷市場。與友人合資興建熱處理廠，並為其他廠商代工，現跨入生產自攻螺絲，未來將增設抽線廠，完成一條龍產業鏈。

6 | 以優質服務夾縫中突圍
鳳凰塗料力抗強敵

　　便利商店雖非台灣所創，但台灣卻打造了全新且最具競爭力的便利商店商業模式，其多元且無微不至的服務，現已成為台灣便利生活的基石。若干在越南闖蕩的台資企業，當中資企業大舉經略東南亞國家市場後，產品價格優勢不再，卻憑藉優質服務突圍，依然屹立不搖，鳳凰塗料正是最佳範例之一。

　　母公司位於桃園縣新屋鄉的鳳凰塗料，為機車大廠三陽工業的衛星廠商，跟隨三陽工業海外布局的腳步，1995年先到中國設廠，1998年時，再赴越南建立據點，為越南第3家塗料廠。

機車塗料營收已下滑

　　鳳凰塗料在越南建廠初期，三陽工業在越南的機車月產量僅2,000台，之後數量逐年提升，到2001年至2003年時，

月產量更攀高至3萬9,600台。因HONDA、YAMAHA等日系機車大廠，於越南並無配合的廠商，故三陽工業機車銷售量甚佳，鳳凰塗料業績亦隨之水漲船高。

「當時，越南機車售價高達2,000美元，比台灣還高。」鳳凰塗料總經理葉建德說明，目前機車總量約4,500萬台，年銷售量200萬台，在日系機車輸入後，現已占越南機車市場逾半江山。根據2016年的統計，在越南機車市場，HONDA市占率一枝獨秀，高達約76%，YAMAHA以約16%市占率居次，而SUZUKI、光陽、三陽工業等3家企業，合計僅約占8%。

今日，三陽工業在越南機車的月產量，雖仍達5萬台，但已不復昔日風光，鳳凰塗料機車塗料營收已然下滑。葉建德指出，鳳凰塗料越南廠原以三陽工業為主力客戶，後積極拓展不同產業的客群，如食品、木器、化妝品企業，多數為越南廠商；而為因應越南盾持續貶值之衝擊，除在塗料品項中，增加較特殊的摩托車耐熱烤漆等，亦跨足傢俱五金、電子零組件出口，與吸塵器代工等業務。

早期，鳳凰塗料僅在越南租賃倉庫，從台灣進口塗料，再進行打樣、分包；待營運上軌道後，再於南部平陽省新加坡工業區內建廠。2006年時，鳳凰塗料接獲HONDA大單，

決定在北越河內市增建第2間廠房。

採半自動化模式生產

葉建德透露，鳳凰塗料南越廠的產品內銷比例，現約90%，只10%外銷；北越廠產品則60%內銷，約40%外銷。而產品外銷，多透過出口商，並可辦理退稅。

在平陽省建廠初期，鳳凰塗料經常從新屋廠派遣幹部技術指導、分享經驗，每次進駐3個月；之後，葉建德亦常駐越南。鳳凰塗料主要採用半自動化模式生產，從事半成品來料加工，不必聘僱大量員工；新屋廠員工僅10人，越南2間廠房員工數，合計約80人。

自2008年以降，鳳凰塗料營運遭遇諸多挑戰，除越南塗料商增加至30餘家，競爭愈發激烈；塗料產業與總體經濟諸多擾動，亦形成繼續向前行的壁壘。首先，全球金融海嘯如平地一聲雷般暴起、重擊經濟，貿易保護主義幽靈再現；日本機車大廠轉向生產塗料的日商下訂，而鳳凰塗料的機車塗料收益登時下滑。

再者，中國企業挾免稅優勢，低價傾銷越南市場，鳳凰塗料木器塗料、傢俱五金市占率橫遭瓜分。葉建德略帶無奈

地說，台資企業的共同宿命是，難以與中資企業開打價格戰，又無歐、美、日、韓國際級巨擘的品牌優勢，陷入高不成、低不就的困境。

塗料市場競爭白熱化

台灣廠商出口原物料，得向台灣政府繳交7%的關稅。為壓低製造成本，鳳凰塗料已改在越南當地採購中、低階原物料與溶劑，僅從台灣輸入高階原物料，與特殊配方的溶劑。

況且，因越南塗料市場競爭白熱化，越南本土、外資塗料企業或合併、或結盟，共同開發市場，以降低成本、爭取利潤，如日商天馬、Showa等。葉建德直言，打進日本大廠的供應鏈難度甚高，鳳凰塗料現規畫叩關韓資企業供應鏈，「韓資企業群聚於北越，與台資企業多透過貿易商交易，較少直接交流，難度不低，但台資企業團結合作，應有機會突破。」

然而，鳳凰塗料未被種種挑戰、壁壘擊倒，在夾縫中突圍，關鍵即為競爭對手追趕不及的服務。葉建德強調，鳳凰塗料除了嚴守交貨日期，更因地利之便，可提供即時、多元

的售後服務，維持客戶的黏度。

「以塗料為例，因越南天氣炎熱，容易變乾。只要客戶告知，鳳凰塗料當天立即派員處理，為塗料添加慢乾溶劑。」葉建德解釋，客戶的塗料若變色，鳳凰塗料亦可協助調整顏色，只酌收工本費；而其他企業面對客戶的疑難，縱使派員前來，亦得耗費數個工作日，緩不濟急。

另闢蹊徑以開闢活路

在可見的未來，為突破高不成、低不就的窘境，鳳凰塗料將致力研發「量少、質精、高單價」的商品。葉建德強調，不與競爭對手硬碰硬、正面碰撞，另闢蹊徑更易開闢活路，「困難在於避開其他廠商的專利，開發獨特且難以被取代的商品。」

越南勞工薪資雖持續調漲，但對台商影響不大；葉建德感嘆地說，因越南盾兌新台幣貶值，匯兌損失更為可觀。不過，他仍看好越南的發展前景，雖曾探訪過東南亞其他國家，但未曾考慮設廠。

鳳凰塗料小檔案：

創立：1998年

總經理：葉建德

產業別：塗料

地點：越南平陽省

員工數：約80人

企業策略：跟隨重要客戶三陽工業海外布局的腳步，前往越南設廠。後積極拓展不同產業的客群，如食品、木器、化妝品企業，多數為越南廠商；為因應越南盾持續貶值之衝擊，亦跨足傢俱五金、電子零組件出口，與吸塵器代工等業務。為對抗企業競爭，提供客戶多元且即時的服務。

7 ｜ 二奪越南國家品質獎金獎
大亞電線電纜爭光

　　2013年、2016年，大亞（越南）電線電纜兩次奪得越南國家品質金獎，是越南外資電線電纜企業中，首家獲此殊榮者，更為越南台資企業樹立新標竿。

　　1995年，為響應當時台灣政府的南向政策，加上因緣際會，老字號的大亞電線電纜前往越南南部的同奈省拓點，成立大亞（越南）電線電纜；到了2004年，更在北部的海陽省增設分公司。大亞（越南）電線電纜的主力產品，包括漆包線、塑膠電力電纜、中低壓電線電纜、XLPE電力電纜等。

越南首家上市外資企業

　　20世紀90年代，是越南經濟向前躍進的關鍵時刻。1994年，美國結束對越南長期的經濟制裁；隔年，越南加入東協，經濟迅速蓬勃發展，大亞（越南）電線電纜亦躬逢

其盛。2006年，大亞（越南）電線電纜在越南掛牌上市，成為該國首家100%外資的上市企業。

然而，大亞（越南）電線電纜剛成立時，越南工資雖低廉，但基礎建設相當落後，加上電線電纜屬內銷產業，起步相當艱難。之後，大亞（越南）電線電纜靠著勤訪店家，克服數不清的困難、挫折，逐步建立終端市場銷售網絡，且因台資企業相繼到越南設廠，大亞（越南）電線電纜企業客戶日增，業績亦隨之成長。

為了拉抬業績，並強化企業形象、打響知名度，大亞（越南）電線電纜還參與越南各省電力公司的標案，並報名省級的品質獎競賽，自2011年起，連續數年獲得省級品質獎金獎。

大亞（越南）電線電纜能夠兩度拿下越南國家品質金獎，實屬不易。越南國家品質獎為該國品質獎的最高獎項，亦是企業的最高榮耀，深受越南政府重視，競爭相當激烈，也唯有連續3年獲得省級品質獎金獎的企業，才有被遴選資格。

屢次獲獎有助拓展業績

越南國家品質獎分為製造業、服務業2大類，又分為大型企業組、中小企業組，但越南現有58個省與5個直轄市，在強敵環伺下脫穎而出，難度甚高。大亞（越南）電線電纜獲頒的是製造業中小企業組的越南國家品質金獎。

也就是說，從2011年至2013年，大亞（越南）電線電纜連續3年在省級品質獎競賽中掄元，才能在2013年名列越南國家品質獎金獎的榜單上，接著又在2014年至2016年，大亞（越南）電線電纜再連續3年在省級品質獎中稱雄，甫可第2次在越南國家品質獎競賽中攻頂。

每屆越南國家品質頒獎典禮，越南政府皆派出部長級以上官員擔任頒獎人，最高層級曾達副總理，而在電視轉播、媒體報導的推波助瀾下，大幅提升大亞（越南）電線電纜的企業形象，對拓展業績助益甚鉅。

獲獎後大亞（越南）電線電纜也運用媒體管道宣揚企業資訊，強化正面宣傳的效應，未來亦將持續參與各級品質獎競賽，期望建立優質的品質形象，在越南企業與民眾間，建立良好的口碑知名度，一旦提及電線電纜，即聯想到大亞（越南）電線電纜。

入鄉應先問俗，再隨俗

「想到越南投資的台資企業，一定須要精研越南的歷史、文化、消費習慣，入鄉應先問俗，再隨俗。何況在台灣成功的商業模式，也未必適用於越南。」大亞（越南）電線電纜總經理王丁樹剴切地說，越南潛在商機雖豐厚，但台資企業難以雨露均霑，「在胡志明市街頭，滿眼都是國際知名品牌分店的招牌，即便未獲利，也因集團家大業大，得以支撐以搶占越南市場。」

王丁樹感嘆道，若干國際品牌已在越南紮根20餘年，雖連年虧損，但仍未放棄越南市場，相信終有轉虧為盈之日，而台資企業多屬中小企業，不耐持久戰，因此得「謀定而後動」，才有成功機會。

昔日，越南並無台灣人經營的法律事務所，會計師事務所亦良莠不齊，大亞（越南）電線電纜曾走過許多冤枉路、付過許多冤枉錢，方釐清越南法律、稅務等相關規定。

如今，已有多家台灣法律事務所在越南成立據點，包括業界龍頭法律事務所，國際會計師事務所也已在越南開設分社。對於甫在越南建立灘頭堡的台資企業，遭遇法律、稅務問題時，建議諮詢合法且信譽良好的法律事務所、會計師事

務所,切忌「病急亂投醫」,甚至誤信「密醫」。

異國經商潛在成本甚高

「在越南的台資企業數目,僅次於中國,居全球第2,而經濟部、外貿協會也都設有代表處,更是越南台資企業可諮詢的對象。」王丁樹指出,近年來政府駐越單位都相當努力,雖無法為台資企業解決所有難題,但可提供越南最新法規的優質中文翻譯,仍有助於擬定因應策略,「越南台商會功能亦相仿。」

「在異國經營企業,潛在成本相當高;原本預估利潤為10%,最後可能剩下2%,不可過度樂觀。」王丁樹直言,台灣人都極具韌性,相信可在越南找到安身立命之道,但令人憂心的是,若青年世代畏懼被派駐越南,幹部傳承恐出現斷層。

大亞（越南）電線電纜小檔案：

創立：1995年

總經理：王丁樹

產業別：電線電纜

地點：越南同奈省

企業策略：靠著勤訪店家，逐步建立終端市場銷售網絡；因台資企業相繼到越南設廠，企業客戶亦持續增加。為拉抬業績、強化企業形象，還參與越南各省電力公司的標案，並報名省級的品質獎競賽，從2011年至2016年，接連獲得省級品質獎金獎，並於2013年、2016年，兩次奪得越南國家品質金獎。

導讀
印尼人口多、前景佳

人口逾2億6000萬的印尼，為東南亞人口最多的國家，在全球亦排名第4位，亦是世界最大的伊斯蘭教國家，潛在商機相當豐厚。印尼由1萬7000多個島嶼所組成，為名副其實的「萬島之國」，面積較大的5個島，包括爪哇島、巴布亞島、蘇拉威島、加里曼丹島、蘇門答臘島。

其中，爪哇島人口最多，占印尼總人口逾半數。首都雅加達市位於爪哇島西北部，為印尼的政治、經濟、文化中心，許多台資企業選擇在雅加達市周遭建廠。

供應鏈撤廠自力存活

創立於1973年的鉅祥企業，從事精密連續沖模之設計、製造及生產，總公司位於桃園市新屋區，全球共有17座廠，2002年跟著大客戶步伐前往印尼設廠，甫完工大廠卻關閉遷移，鉅祥著眼家電產業已萌芽商機選擇續留，花費5年時間拓展業務尋找客戶，以樹立口碑，打開知名度，營運才步上軌道。

Daijo在2002年從中國移往印尼發展，初期鎖定塑膠射出業務，2010年再跨足模具領域。但因當地的製造業尚屬萌芽階段，協力廠商不易找尋，Daijo必須獨力完成所有製程，購足相關設備，不僅起步艱難，成本較在台灣設廠高昂。為讓獲利來源多元化，Daijo已將業務範圍向模具產業供應鏈上游延展，主力業務除了塑膠射出、模具生產，還包括噴漆、印刷、電力裝配等。

靠著日企供應鏈壯大

宜通科技1998年跟著台灣家電大廠設立於印尼，2003年眼見客戶生產線遷移至中國，仍選擇留在印尼拓展日本客戶，迄今也仍為日本大廠的空調供應鏈，主力產品服務為空壓機、乾燥機，與水電、消防設備設計及施工，並因接手貿易公司的油品客戶網絡，在2015年時另設Aman Pelumas Nusantara公司生產黃油。

昶舜機械工具固守特殊刀具領域，以少量、多樣取勝，需求量雖少於標準刀具，利潤卻有過之而無不及。在重要客戶帶領下，南進印尼設廠，客戶以汽、機車廠為大宗，其次為鉛筆廠。不過，昶舜機械工具未以現況自滿，現已積極開

發塑膠業、營建業客戶，另闢刀具新戰場。

　　全興工業總部位於彰化縣花壇鄉，主力產品除了機車座墊、汽車座椅，還有汽車車門板、遮日板等，1997 年在客戶號召下赴印尼設廠，卻又因客戶撤離，逼使嘗試打入印尼日資汽、機車企業供應鏈，致力提升產品品質，未來將鎖定高單價、高利潤產品，並將重心從汽車產業移至機車產業。

　　Intermesindo group 並非在台灣、中國事業有成後，才轉赴印尼投資，而是在印尼白手起家，堪稱特例。業務亦從機械販賣、製造，擴及鍛造、維修、檢驗等，也在興建機械廠、鍛造廠後，面臨員工技術研究等議題，增設技術中心，一改派遣員工返台學習的模式，以致力於人力培訓，厚植技術實力。

　　創辦於台中市的久和模具，初期成長並不快速，直到赴中國設廠適逢當地汽車產業大躍進，規模、產能、技術層次皆「翻了數番」。2012 年，應日資汽車企業客戶之邀，久和模具先在印尼設立辦公室，再於 2015 年時建廠；2016 年，印尼廠正式投產，主力客戶為日資汽車企業。

龐大內需市場　印尼投資回升

受惠於1990年代的南向政策助攻，印尼一度成為台商樂土，但隨著1997年印尼排華風波、台商赴大陸投資開放後，在1999-2011年這段期間，台商赴印尼的投資金額與件數，都達到有史以來最低點。

不過由於印尼自然資源豐富、人力資源充沛、清真商機龐大及中產階級崛起等因素，且在台灣推動新南向政策助益下，又給了台商一個南進的新選擇，近期台商赴印尼投資已開始回升，但也同步擴大同業競爭，帶動重視勞動條件等，後續能在當地經營發展的台商中小企業，肯定須具備較佳的體質與技術能力等優勢。

1 │ 昶舜機械工具立足萬島之國 以特殊刀具斬荊棘、劈生路

　　愈特殊且無可取代，愈有機會存活；無論職場、產業戰場，皆是如此。以生產特殊刀具起家的昶舜機械工具，產量、規模雖不及標準刀具大廠，卻已屹立逾40年，耕耘印尼亦已20餘年，依然鬥志昂揚。

　　創立於1974年的昶舜機械工具，主力產品原為用於汽、機車廠的車刀、銑刀、絞刀，之後又增加生產成型的切削刀具，與特殊尺寸之刀具、治具。當下，主力產品已轉為鎢鋼成型銑刀、成型車刀、鑽頭、鉛筆刀，與BTA深孔刀／沖頭、座削刀，及各種特殊規格、形狀之刀具。

員工管理為共同難題

　　1994年，適逢台灣政府首次推動南向政策，在重要客戶三陽工業、光陽工業的帶領下，昶舜機械工具南進「萬島之國」設廠，為印尼首家切削刀具廠商。昶舜機械工具印尼

廠總經理李昆霖指出，印尼廠客戶仍以汽、機車廠為大宗，占總營業額的80%，其次為鉛筆廠，約總營業額的20%。

昶舜機械工具為典型的家族企業，新莊廠由李昆霖的兄長營運，印尼廠則由李昆霖與父親掌舵，旅居印尼20餘年、嫻熟印尼文的父親負責業務，而李昆霖負責統籌廠務，並逐步接手業務。

原在電子業任職的李昆霖，因見父親日益老邁，遂返回家族企業襄助父兄。在遷居印尼前，他致力作足行前準備，先在昶舜機械工具新莊廠磨練數年，並學習印尼文；李昆霖更攜妻帶子「下南洋」，讓小孩就讀雅加達的國際學校，展現破釜沉舟的意志，與深耕印尼的決心。

「與日文相較，印尼文更易精熟，較難準確掌握的環節，當屬捲舌音。」李昆霖說，台資企業在印尼打拚，管理印尼籍勞工，一向為令人煩憂的共同難題，台灣籍幹部務必潛心研讀印尼文，「通曉印尼文，不僅可與員工、客戶直接溝通，亦有助於開發新加坡、馬來西亞等國的業務，益處甚多。」

已轉型為純外資企業

台灣機車產業龍頭三陽工業、光陽工業，揮師印尼機車市場，眾協力廠商紛紛響應，在印尼西爪哇省勿加泗周遭建廠。然而，帶頭的三陽工業、光陽工業考量整體經濟與市場競爭等因素相繼退出印尼市場，但昶舜機械工具印尼廠等協力廠商卻克服種種挑戰，斬荊棘、劈生路，在印尼生根、茁壯。

昶舜機械工具印尼廠過去依據當地政府在1994年頒布的第20號規範（The Government Regulation No. 20 of 1994 on Share Ownership），外國直接投資（FDI，印尼文簡稱PMA）在商業經營15年之內，應有5%的股份由印尼人（個人或法人）持有。直到2007年頒布新投資法、鬆綁法令，允許外資企業可由外籍股東100%持股，昶舜機械工具印尼廠即轉型為純外資企業。

目前，昶舜機械工具共有新莊廠、印尼廠兩座生產基地，新莊廠員工約20餘人，印尼廠員工約20人，其中有數位菲律賓籍勞工。李昆霖指出，為避免技術外流，印尼廠僅生產較低階的產品，至於訂單中較高階的產品，則轉由新莊廠生產，之後海運至印尼，再由印尼廠出貨。

　　因此，印尼廠員工數雖與新莊廠相去不遠，但營業額僅約新莊廠的30%。李昆霖不諱言，較高階產品從台灣輸入，成本多了運費、關稅，價格亦被墊高，在中國製低價刀具大舉進軍印尼市場後，面臨嚴峻的市占率捍衛戰。

積極開發新產業客戶

　　縱使中國刀具廠兵臨城下，因昶舜機械工具印尼廠產品品質較佳，使用期限較長，性價比還高於中國製產品，尚維持競爭優勢。李昆霖強調，自創立以來，昶舜機械工具皆固守特殊刀具領域，以少量、多樣取勝，而特殊刀具需求量雖少於標準刀具，利潤卻有過之而無不及。

　　在昶舜機械工具眾產品中，鉛筆刀因競爭對手僅數家歐洲刀具廠，利潤最高；在台灣，客戶包括雄獅、利百代等鉛筆名廠。李昆霖解釋，印尼盛產木材，鉛筆產業發達，昶舜機械工具印尼廠鉛筆刀除內銷印尼，亦外銷越南、伊朗等國，「台灣鉛筆廠大多已將生產基地，移至中國山東省，導致國內鉛筆產業逐漸沒落。」

　　汽、機車製程中，得運用多種不同規格的刀具，以鑽鑿氣孔、螺孔，於眾零組件中，引擎、輪圈用刀最多；迄今，

汽、機車產業仍是昶舜機械工具最重要的獲利來源。在台灣，昶舜機械工具汽、機車刀具的客戶，除了三陽工業、光陽工業，還有YAMAHA、中華汽車等；而在印尼，主要客戶則是日資汽、機車企業。

昶舜機械工具未以現況自滿，現已積極開發塑膠業、營建業客戶，另闢刀具新戰場，未來3到5年，更將挹注資源，開發越南鉛筆刀市場。

應密切注意法律變動

「台灣政府再次推動南向政策，陸續有台資企業前來印尼訪查；但已著手投資的，多為大型企業，少見中小企業。」李昆霖懇切地說，印尼市場廣大，潛在商機豐厚，但並非任何產業都適合於此際搶灘印尼市場，企業應先進行縝密的市場調查，再決定投資與否。

「台資企業若決定投資印尼，最好獨資投資，可省去諸多無謂的麻煩。」李昆霖更建議，印尼台資企業應加入台商會，因印尼法律變動頻仍，印尼政府為保護當地產業等情況，所以台資企業可向台商會諮詢最新的法律規範，以免誤觸法網。

昶舜機械工具印尼廠小檔案：

創立：1994年

總經理：李昆霖

產業別：刀具

地點：印尼西爪哇省

員工數：約20人

企業策略：跟隨客戶三陽工業、光陽工業的腳步，前往
印尼設廠。自創立以來，皆固守特殊刀具領域，以少
量、多樣取勝，但印尼廠僅生產較低階的產品，訂單中
較高階的產品，則轉由新莊廠生產，之後海運至印尼，
再由印尼廠出貨。現已積極開發塑膠業、營建業客戶，
另闢刀具新戰場。

2 | Intermesindo group 白手起家
創建福爾摩沙技術中心、打造人才庫

　　在台灣，諸多外資企業得以長盛不衰，關鍵在於落實在
地化。位於印尼萬丹省的機械廠 PT. Intermesindo Raya 和鍛
造廠 PT. Intermesindo Forging Prima，所創立的福爾摩沙技術
中心（PT. Formosa Teknologi Sentral），積極培養印尼技術
人才，堪稱海外台資企業施行在地化的先鋒、楷模。

　　與大多數海外台商截然不同，Intermesindo group 創辦人
暨董事長高應昌並非在台灣、中國事業有成後，才轉赴印尼投
資，而是在印尼白手起家。退伍後，他曾在一家機械廠任職，
約5年後，毅然自立門戶，卻慘遭滑鐵盧，遂遠走印尼追夢。

抵押房產籌資建廠

　　為何不留在台灣再創業？高應昌直言，當時他只熟稔機
械買賣，但台灣機械市場早已遭大廠壟斷，新創機械廠難以
立足，到新興國家較易覓得生機。當時，中國仍是經濟後進
國家，他鎖定東南亞國家為圓夢首選，先後前往泰國、印

尼、新加坡、菲律賓等4國考察，最終選擇落腳印尼。

　　「落腳印尼，實屬因緣際會。」高應昌回憶道，見他各國奔波，親友主動幫忙報名一場在印尼舉辦的國際機械展，為不浪費報名費，只得硬著頭皮參展、擺攤；始料未及的是，在此一會展，他竟拿下新台幣600多萬元的訂單。在多家台灣機械廠的襄助下，他順利履約、出貨，並於1990年舉家南遷印尼；該年，他年方28歲，且初為人父。

　　舉家遷居印尼後，高應昌創立PT. Intermesindo Raya初期主力業務依舊是機械買賣，並代理台灣製機械產品；再次出乎意料，頭2年竟門可羅雀，訂單斷斷續續，令他生計無著，已在斷炊邊緣。幸而，在他陷入絕境之前，遇到了貴人、一位業界的前輩，借錢給他，並且合資買地蓋廠、從事代工和機械倉庫，而讓他就此鹹魚翻生、一飛衝天。

　　為籌集建廠經費，高應昌咬緊牙根，除了向業界前輩借款以外，也向銀行借款，並以岳父留給太太的台灣房地產作為抵押品。而在機械廠完工、啟用後，PT. Intermesindo Raya業績如風生水起，加上售後服務備受客戶讚賞，訂單不斷湧進；之後，PT. Intermesindo Raya持續擴廠，現已擁有4個不同的行業，以及1座鍛造廠（PT. Intermesindo forging prima），業務亦從機械販賣、製造，擴及鍛造、維

修、檢驗等，目前也已成功實現國際知名的汽車品質管理系
統認證IATF-16949質量標準體系，員工數大約350人。

遭遇匯損負債數年

　　興建機械廠、鍛造廠後，Intermesindo group除自行摸
索、研發相關技術，亦派遣台灣籍員工回台，至學校、職訓
中心學習相關技術，他們返抵印尼後，再教授其他員工。不
過，高應昌深刻體悟，如此並非長久之計，唯有自行設立技
術中心，才能厚植技術實力。

　　好景不常，1997年爆發東亞金融風暴，印尼盾巨幅貶
值，匯損重創PT. Intermesindo Raya，不僅損失達數百萬美
元，在台灣、印尼的負債，合計超過新台幣上億元。經過
約7年的努力，高應昌才還清所有債款；縱使在最艱困的時
刻，亦未曾失信於配合的廠商。

　　還清債款後，Intermesindo group迎來更璀璨的榮景；
2008年之後，成長速度更勝往昔。先前，機械廠營收約占
總營收的70%，鍛造廠營收僅占三成；近年來，印尼機械需
求不若以往，機械廠營收亦隨之下修，現僅約占總營收的
50%，與鍛造廠在伯仲之間。

　　鍛造廠PT. Intermesindo Forging Prima的主要客戶為機車廠、汽車廠與建設機械設備的維修廠，其中以機車廠客戶占比最高，汽車廠客戶則有Daihatsu、Toyota、Isuzu等大廠；產品約70%內銷印尼市場，約30%外銷國際市場。因印尼盾依舊疲弱，而PT. Intermesindo Forging Prima原物料約60%自台灣、日本、中國進口，高應昌現正致力提高外銷的占比，期待在可見的未來，提升至40%，甚至50%。

挖掘低端產品商機

　　為日後拉抬獲利，PT. Intermesindo Forging Prima將積極開發低端產品，如鋤頭、挖土機等零組件，拓展印尼內銷市場，並且逐步培養公司的第二代接手營運。高應昌解釋，印尼大多數民眾仍以務農維生，消費力不高，低端產品仍有龐大商機。

　　「今日，台資企業若想到印尼投資，就得本業傑出、本金充足、本能超群，缺一不可，否則很快就被淘汰。」高應昌雖在印尼平地起高樓，卻建議後進壯大實力後再南進，更勸誠台資企業勿因投資獎勵，而貿然決定投資計畫，唯有不倚賴任何補助，還能穩健獲利，才能在異國生存。

　　然而，隨著愈來愈多外資企業搶灘印尼，台資企業具優勢的產業日益減少。高應昌認為，電動機車、農業機械、公共建設等產業，仍是台資企業可涉足之地，「到了印尼，得努力精熟法規、印尼文，否則極易吃虧、上當。」

　　雖已邁向半自動化生產，但Intermesindo group仍致力人力培訓；高應昌說明，即使是機械銷售，員工如果不諳操作、維修，很難獲得客戶的信任。他所創辦的福爾摩沙技術中心，師資、教材、設備皆來自台灣，已結業了自動控制班、CNC機器操作班等4班次。

　　福爾摩沙技術中心並非Intermesindo group的建教單位，而是做為印尼企業的人才庫。印尼籍學員若無力繳納學費，可待結訓、獲企業聘僱後，由聘僱企業先行墊付，就職後，學員再分期償還給聘僱企業。

　　「先前4班學員，約70%已獲企業延攬，成效頗佳。」高應昌透露，福爾摩沙技術中心投入與台灣職業訓練同步的設備、師資和教材。印尼工業部職業訓練署亦瞭解台灣政府大力推行新南向政策，因此透過台灣駐印尼代表處協助，自2018年9月起邀請上百名現任職校教師赴福爾摩沙技術中心，接受CNC車床和銑床的訓練，以4期、每期25位學員、每期216小時的方式，期促成互惠雙贏的利基。

Intermesindo group小檔案：

創立：1990年

創辦人暨董事長：高應昌

產業別：機械

地點：印尼萬丹省

總員工數：合計600人

企業策略：將業務從機械販賣、製造，擴及鍛造、維修、檢驗，亦派遣台灣籍員工回台，至學校、職訓中心學習相關技術，他們返抵印尼後，再教授其他員工。創辦福爾摩沙技術中心，不僅教材、設備來自台灣，更從台灣延攬師資，從根厚植技術實力。

3 | 鉅祥企業印尼廠捍衛權益 視客戶、供應商如賓以開新局

　　遠赴異域打拚的台資企業，不僅得突破產品研發、市場競爭、營運管理等重重關卡，還得在明規則、潛規則的威脅與挑戰下，探索出自處之道；明規則為刊之明文的法令、規範，潛規則是「人在矮簷下、不得不低頭」的社會現實。

　　大多數海外台資企業皆恪守所在國法令，嫻熟應對潛規則，但幾乎僅能自保，似鉅祥企業印尼廠般勇於依法申請退稅，捍衛自身權益者，卻罕如鳳毛麟角。

新客戶多由舊客戶轉介

　　創立於1973年的鉅祥企業，為因應國家精密工業政策，配合產業需求，自1974年以來即從事精密連續沖模之設計、製造及生產，主力產品包括金屬類連續沖模、精密金屬零組件、成型模具與塑膠射出加工產品等，橫跨醫療、汽車、治工具、消費電子等產業。

　　鉅祥企業總公司位於桃園市新屋區，在台灣尚有八德廠，而在印尼、美國、泰國、中國、日本、墨西哥、馬來西亞等國，皆設有據點；全球共有17座廠，已是國際級大企業。2002年，緊跟著大客戶SONY海外布局的步伐，鉅祥企業亦前往印尼設廠；始料未及的是，在鉅祥企業印尼廠完工後半年，SONY即關閉印尼廠。

　　「鉅祥企業的產品為中間材，無論大客戶到哪國設廠，都得亦步亦趨。」鉅祥企業印尼廠總經理盧廷姜解釋，SONY關閉印尼廠，肇因為不願與罷工工人妥協，並非看壞印尼市場，「SONY先前設廠，乃著眼於印尼家電產業已萌芽，未來商機可期。因此，鉅祥企業印尼廠選擇續留印尼，但得另覓客群。」

　　於是，鉅祥企業印尼廠建廠後頭5年，盧廷姜都忙著跑業務、找客戶，之後因已樹立口碑、打開知名度，新客戶多由舊客戶轉介，營運方步上軌道。目前，鉅祥企業印尼廠主要客戶仍為外資家電企業，包括法商施耐德（Schneider Electric）、日商歐姆龍（Omron）、日商Panasonic、日商Sumitomo等大廠；其中，施耐德為最大客戶，比重高達50%。

躋身諸多大廠協力廠商

　　因鉅祥企業產品品質優良，在國際市場亦素有令名、聲譽卓著，印尼外資企業多半一試成主顧。盧廷姜指出，鉅祥企業印尼廠在獲得一家大廠的訂單後，加上通過ISO認證，即陸續躋身為諸多大廠的協力廠商，堪稱順風順水，員工數現已逾130人。

　　「與其他競爭對手相較，鉅祥企業印尼廠的競爭優勢為，有集團為後盾，專業高、資金足。」盧廷姜直言，客戶在挑選協力廠商時，深怕協力廠商倒閉，故中間材供應商資金充足與否，亦是關鍵性因素之一，「在印尼，施耐德協力廠商原有200多家，現已縮減至50多家，原因即在於，諸多協力廠商周轉不靈、無力撐持。」

　　盧廷姜自評，鉅祥企業印尼廠進入印尼市場，已晚於其他外資企業，為與競爭對手並駕齊驅，並求後來居上，對客戶的服務更是周到，「遇到問題，皆勇於承擔，不會推卸責任；有時，縱使是客戶自身的錯，亦一力承擔。而且，不僅善待客戶，亦視材料供應商為貴賓。」

　　印尼稅務制度繁雜，但鉅祥企業印尼廠最大客戶施耐德，印尼廠設於免稅島巴淡島（Batam）上，稅務相對簡

易。巴淡島隸屬印尼廖內群島省（Riau Islands），為印尼最靠近新加坡的島嶼，距離僅約20公里，現為免稅港，亦是印尼排名第2的觀光勝地，僅次於峇厘島。鉅祥企業曾考量在巴淡島增建新廠，但盧廷姜顧慮無力兼顧兩廠，遂未付諸執行。

每部門每月訂訓練課程

在鉅祥企業印尼廠建廠前，盧廷姜曾在鉅祥企業馬來西亞廠任職約6年，鉅祥企業印尼廠始業初期，遭遇技術問題時，由馬來西亞廠派遣技術員工支援；近年來，則轉由台灣兩廠與上海廠支援。

然而，鉅祥企業印尼廠訂單中，若有技術層次較高的產品，仍得轉單至鉅祥企業母公司，再將成品運至印尼。盧廷姜澄清，通常並非鉅祥企業印尼廠無力承製，而是印尼電鍍廠技術能力不及，難以配合。

「印尼不缺勞工，只缺人才。」盧廷姜回憶道，因曾被派駐馬來西亞，印尼文化、習俗與馬來西亞相近，轉駐印尼後，適應相當迅速，但印尼勞工教育程度偏低，讓他深感為難，「起初，我認為印尼勞工相當難溝通。現在已完全改

觀，他們不僅肯學、好學，配合度亦頗高，但要訂定標準作業流程，降低推託責任與發生工安事故的機率。」

為了訓練印尼籍勞工，鉅祥企業印尼廠訂定 SOP 制度，除了安排新進員工接受 3 個月的教育訓練，而每個部門、每個月都有固定的訓練課程，且嚴格執行。盧廷姜強調，訓練課程旨在改變印尼籍勞工的觀念、心態，唯有先改變觀念、心態，才能成為適用的勞工。

退稅關鍵在於保留單據

鉅祥企業印尼廠原為保稅廠，但實務上卻麻煩不斷，現已變更為非保稅廠；且因原物料多由韓國、德國、日本進口，預扣的稅款頗為可觀。盧廷姜直言，與鉅祥企業印尼廠處境相近的台資企業甚多，根據印尼稅法規定，可依法向稅務機關申請退稅，只是過程繁瑣、冗長，其他企業皆知難而退。

然而，退稅與否影響鉅祥企業印尼廠獲利，縱使被視為自尋煩惱，盧廷姜仍知難不退，毅然向印尼稅務機關申請退稅。前幾年，鉅祥企業印尼廠委託在地會計師辦理退稅，雖皆功虧一簣，卻讓盧廷姜受益良多，認識了完整的退稅

流程。

　　於是，盧廷姜親自叩關，不厭其煩往返稅務機關，皇天不負苦心人，終於成功退稅，「成功退稅的關鍵，在於保留所有的單據，當稅務機關認定資料不足時，可立刻補上，讓稅務機關無可挑剔。」

鉅祥企業印尼廠小檔案：

創立：2002年

總經理：盧廷姜

產業別：金屬類連續沖模、精密金屬零組件

地點：印尼西爪哇省

員工數：逾130人

企業策略：緊跟著大客戶SONY海外布局的步伐，前往印尼設廠；在SONY關閉印尼廠後，另闢新客源。頭5年，努力開發客戶，現新客戶多由舊客戶轉介，對客戶的服務周到，亦視材料供應商為貴賓；安排新進員工接受3個月的教育訓練，各部門每月都有固定的訓練課程，且嚴格執行。保存所有單據，依法向稅務機關申請退稅。

4 印尼全興工業奉行精實管理終轉虧為盈

　　務實而不務虛，是台灣中小企業生命力強韌的不二法門；在異國奮戰，務實更是求生存的第一原則。全興工業旗下的印尼全興工業，堪稱務實佳例，在印尼機車座墊、汽車座椅市場，市占率曾突破50%，員工數逾600人，卻無利可圖；現專攻高單價產品，市占下修至約10%，員工數減至約100人，反倒轉虧為盈。

　　成立已超過一甲子的全興工業，總部位於彰化縣花壇鄉，主力產品除了機車座墊、汽車座椅，還有汽車車門板、遮日板等，客戶分布於中國、美國、南非與東南亞國家，已是台灣最大的汽車零組件廠。1997年，在重要客戶光陽工業的號召下，全興工業與其他協力廠商相繼赴印尼設廠。

自立自強擊敗厄運

　　然而，印尼全興工業成立後，卻命運多舛，初期營運

頗為艱難。隔年即1998年，印尼爆發史上最嚴重的排華事件，印尼華裔首當其衝，台資企業亦遭波及；之後，光陽工業因故撤離印尼市場，印尼全興工業被迫另覓客戶，嘗試打入印尼日資汽、機車企業供應鏈。

　　為打入日資汽、機車企業供應鏈，印尼全興工業致力提升產品品質。2000年時，全興工業的產品品質、成本、交期（Quality、Cost、Delivery，QCD）控管，與日系汽、機車零組件商相較，已在伯仲之間，終於躋身日資企業SUZUKI的協力廠商之列；接著又獲HONDA、YAMAHA兩巨擘的青睞，再逐一拿下汽、機車大廠的訂單。

　　當下，印尼全興工業產品大多售予印尼的日資汽、機車企業，僅少部分回銷至台灣。原本，印尼全興工業逾50%原物料，皆從台灣進口，其餘才在印尼採買；近年來，為撙節支出，逐漸增加在印尼採買的比重，現已高達90%，於印尼無貨可買的原物料，才從台灣輸入，比例降至約10%。

　　「在印尼，我遇過諸多台灣人不可思議的事，如電影情節般匪夷所思。」印尼全興工業總經理李秋都直言，在異國經商，一定得學習當地的主流語言，才能化解與在地幹部、員工的語言隔閡及心理隔閡，並親自處理種種疑難，不必假手他人。

發言切忌觸及宗教

「2004年，我被派駐印尼；頭兩年，因語言不通，與啞巴無異，事事都得仰賴翻譯。」李秋都感謝地說，幸而印尼全興工業前輩在宿舍留下多本學習印尼文的書籍，讓他有動力認識新語言，「現在，我已可與印尼籍員工，以印尼文互傳簡訊，溝通大致順暢。」

學會印尼文，對李秋都助益甚大；不諳日文的他，與日資汽、機車企業洽商，現皆透過印尼文。但他強調，台灣籍幹部縱使印尼文聽說讀寫流利，發言仍得慎之又慎，切忌觸及伊斯蘭教，企業重大政策亦應由翻譯代為布達，避免隻言片語不精確，釀成印尼籍員工重大誤會。

創立初期，印尼全興工業月營業額僅約300條（1條為100萬印尼盾），進入21世紀後，營運逐漸步上軌道，2004年時，月營業額已達1萬5000條；2012年時，產能、規模、市占率都攀登顛峰，月營業額增至約3萬條。然而，2012年卻是印尼全興工業備極艱辛的一年。

李秋都苦笑地說，2008年全球金融海嘯，印尼受創並不嚴重，但2012年，印尼盾驟貶約25%，外資企業無不叫苦連天，印尼全興工業自不例外。印尼全興工業客戶雖都在

印尼，交易亦以印尼盾計價，但當時原物料大多仰賴境外
輸入，進口全以美元計價，匯損損失遠大於全球金融海嘯
衝擊。

以豐田式管理再造

且在2012年前，日資汽、機車企業以低價策略搶市，
協力廠商的利潤亦被迫犧牲；印尼全興工業表面上雖風光，
實際上卻是勉力撐持。例如，HONDA為擴大在印尼機車市
場的市占率，曾推出一款售價僅50萬印尼盾的低價機車，
並強打「買機車送電視機」；印尼消費者多採分期付款購
買，縱使利息高達約12%，仍趨之若鶩。

之後，印尼全興工業營運方針改弦易轍，奉行精實生
產（lean production），希望降低製程中的無益浪費，拉抬經
濟效益；並與3家廠商結盟，共同推行豐田式管理（Toyota
Production System，TPS）。

4家結盟廠商分別訂定主題，先在自家廠房施行，再邀
請其他3家盟友觀摩，並提出改進意見；經由彼此的學習、
砥礪，以期可如汽車業王者Toyota般，在降低成本、縮短交
貨期之際，產品品質還能再上層樓。

　　落實精實生產與豐田式管理後，印尼全興工業產能、規模、市占率雖皆大幅下修，但獲利率已升至約10%。不僅印尼全興工業瘦身有成，全興工業也整併印尼另一家子公司，將業務併入印尼全興工業；未來，印尼全興工業將鎖定高單價、高利潤產品，並將重心從汽車產業，移至機車產業。

重心移至機車市場

　　與汽車相較，機車價格遠為低廉，已成為眾多印尼民眾添購交通工具的首選。當下，印尼最低階的機車，售價約12條（約新台幣3萬元），為印尼勞工基本月薪的2.5倍，大多數勞工皆可負擔；李秋都指出，印尼機車市場的成長幅度，現已高於汽車市場，促使印尼全興工業轉移主戰場。

　　「在台灣，機車是最方便的交通工具，機車數還超過人口數，平均1個人擁有逾1台機車。」李秋都自信地說，印尼機車普及率遠不及台灣，足證機車市場仍蘊藏豐厚商機，可望成為印尼全興工業邁向下一輪成長的新引擎。

印尼全興工業小檔案：

創立：1997年

總經理：李秋都

產業別：汽車、機車零組件

地點：印尼西爪哇省

員工數：約100人

企業策略：致力提升產品品質，打入印尼日資汽、機車企業的供應鏈；為撙節支出，逐漸增加在印尼採買原物料的比重。2012年後，致力推動精實生產、豐田式管理，終轉虧為盈；未來，將鎖定高單價、高利潤產品，並將重心從汽車產業，移至機車產業。

5 | 挺進印尼經濟谷底
Daijo Industrial 搶占先機

千金難買早知道，早知道價值達千金。曾參與創辦量子基金（Quantum Fund）的投資名家羅傑斯（Jim Rogers），自20世紀80年代以降，即開始投資初萌芽的中國市場，雖曾飽受冷嘲熱諷，卻讓他盆滿缽滿、財富暴漲；到了2007年，他更舉家移民至新加坡。

印尼Daijo Industrial董事長秦嘉生的投資足跡，與羅傑斯相仿，雖較晚前往中國，但更早耕耘東南亞國家。早年在台灣，秦嘉生開設模具廠，從1989年起，與印尼台資企業即有業務往來；1996年，他將生產基地遷往中國，並投資友人在印尼創立的塑膠射出廠。

從中國轉戰印尼

「台灣中小模具廠像四海漂泊的討海人，跟著客戶到處遷移。」秦嘉生自承，昔日常思量何處可安身立命，到中國

建廠時發現，語言相通學習速度很快，將來的競爭者必然是本地人，於是思考尋找一個能長久發展的地方，遂在2002年時，前往印尼另闢生產基地，創辦Daijo，「當時，印尼消費不振、經濟發展停滯。但在我看來，卻是投資的最佳時機，因可領先競爭對手約10年。」

　　秦嘉生選擇落腳印尼的原因有二：首先，印尼人口全球排名第4，內需市場規模較大，深具發展潛力；再者，他在印尼已有人脈，對印尼市場較熟悉。不過，當他遷居印尼時，已退出原先投資工廠之經營；於是，Daijo初期先鎖定塑膠射出業務，2010年後，再跨足模具領域。

　　印尼人口雖逾台灣11倍，但因製造業尚屬萌芽階段，模具需求量仍低於台灣；但也因模具廠數量較少，競爭並不激烈。然而，秦嘉生直言，台灣模具產業供應鏈齊備，模具廠可將部分製程委外；但在印尼，因協力廠商不易找尋，模具廠得獨力完成所有製程。

　　於是，為生產模具，Daijo得購足相關設備，不僅起步艱難，成本較在台灣設廠高昂；秦嘉生感嘆地說，若干設備使用率不高，但設備折舊損失相當可觀。為讓獲利來源多元化，Daijo現已將業務範圍，向模具產業供應鏈上游延展；當下主力業務，除了塑膠射出、模具生產，還包括噴漆、印

刷、電力裝配等，員工數現已增至約500人。

夏普為最大客戶

　　創立初期，Daijo主要客戶為電子、家電企業，最大客戶為夏普（Sharp）；迄今，夏普訂單在Daijo業績的占比，仍高達約40%，重要性無其他客戶可出其右。秦嘉生自豪地說，昔日夏普家庭劇院的音響，從模具到組裝，皆由Daijo代工。

　　晚近，Daijo已致力轉型，積極開發汽車零組件客戶，主攻在印尼的日資企業，現獲得三菱（Mitsubishi）的訂單，也生產若干機車零組件，並獲得一家西班牙機車配件大廠的青睞。

　　與電子、家電產業相較，汽車業技術門檻更高。秦嘉生分析，汽車零組件訂單更穩定，利潤亦多出電子、家電零組件約5%，但因訂單數量較少，整體利潤並不高，Daijo營運現仍高度仰賴電子、家電客戶。

　　秦嘉生不諱言，在印尼設廠，人力素質最令他煩憂，「印尼勞工多半僅願從事單一、重複性的工作，如作業員；需邏輯性思考的技術工，頗難尋覓、培訓。」

印籍股東扛重任

　　為克服語言障礙，秦嘉生更吃足了苦頭。落腳印尼之初，他聘請翻譯，作為他與 Daijo 印尼籍勞工的溝通橋樑；過了 1 年後，他赫然發現，翻譯的中文程度快速進步，但他仍是印尼文的文盲、啞巴。

　　於是，秦嘉生下定決心，延請專人教授印尼文。直到 4、5 年後，他方可與印尼籍勞工溝通無礙，但發言仍頗為謹慎，畢竟他不能失言，「若透過翻譯轉達指令，原意約僅存 60%，還得不斷重複、補充，費時又費力。如此，印尼籍勞工難以吸收、內化專業知識，將導致企業升級牛步化。」

　　然而，通曉印尼文，不代表瞭解印尼文化；不花相當時日融入當地社會，難以深入認識印尼文化的規範、禁忌。幸而，Daijo 有位股東為華裔印尼人，曾在台灣求學 8 年，深諳台灣文化、印尼文化；秦嘉生將業務、廠務皆全權委任於他，自己專事財務。

　　除了 Daijo，秦嘉生還在印尼購地建廠，進軍利潤較佳的無塵室產業。秦嘉生的無塵室工廠，與中國無塵室企業技術合作，業務包括為客戶打造無塵室，與為無塵室裝配機電系統，現已聘僱約 100 名員工。

當下投資仍未晚

「要打造符合國際標準的無塵室，得同時控制密閉空間內的溫度、濕度、落塵量等，過程相當繁雜，耗時短則約3個月，長則約半年。」秦嘉生指出，無塵室先前多委託台灣廠商設計，現已逐步強化自行設計量能，目前以製藥業之需求較高，期望未來能逐漸擴大市場。

因無塵室產業已是高科技產業，員工培訓難度更高於Daijo，故僅招募高中畢業以上學歷的員工。秦嘉生感謝道，在無塵室工廠始業時，工程師先由股東旗下企業支援，多為台灣籍、中國籍，因技術訓練無法一次到位，之後一邊接單，一邊培訓印尼籍員工。

「以2002年為基點，印尼基本薪資已成長約10倍，企業人力成本激增。」秦嘉生相信，印尼經濟成長速度雖已趨緩，但必將持續向前，且印尼政府連年增列教育經費，未來印尼勞工素質將更精良，仍是投資的理想國度，「印尼企業對台資企業的技術，信任度尚高，台灣籍幹部、印尼籍勞工大多相處融洽。縱使台資企業今日才進軍印尼，亦為時不晚。」

Daijo Industrial 小檔案：

創立：2002年

創辦人暨董事長：秦嘉生

產業別：模具

地點：印尼雅加達省

員工數：約500人

企業策略：業務、廠務由華裔印尼籍股東負責。為讓獲利來源多元化，將業務範圍，向模具產業供應鏈上游延展；當下主力業務，除了塑膠射出、模具生產，還包括噴漆、印刷、電力裝配等。現更致力轉型，積極開發汽車零組件客戶，主攻在印尼的日資企業。

6 | Aman Pelumas Nusantara 創品牌 立足西爪哇劍指國際

地面上生命力最強韌的生物，不是「萬獸之王」獅子，亦非縱橫七洋的藍鯨，與自稱「萬物之靈」的人類，而是人類肉眼看不見的水熊蟲。無論在海拔6000公尺以上的高山，或海平面4000公尺以下的深海，都找得到水熊蟲的蹤跡；科學家宣稱，水熊蟲是第1種證實可在太空中生存的生物。

在海外奮戰的台灣中小企業，大多生命力猶如水熊蟲，縱使身處窮山惡水，亦毫不畏懼。1998年，台灣家電大廠東元電機赴印尼建廠，宜通科技等4家協力廠商，亦緊隨其腳步，相繼在西爪哇省成立據點。

門檻較高且可望長久經營

2003年，東元電機將印尼的生產線，遷移至中國；但宜通科技等4家協力廠商皆選擇留在印尼，迄今仍有

3家存活。失去最主要的客戶後，印尼宜通科技因打入Panasonic、Toyota、DENSO等日本大廠的空調供應鏈，迄今仍體質強健，主力產品、服務現為空壓機、乾燥機，與水電、消防設備設計及施工。

　　宜通科技夏仲超，早年曾在台灣從事報關工作，嫻熟進出口業務。移居印尼後，他協助一位朋友成立貿易公司，專事輸入切削油、加工油販售，在朋友經營不善後，更接手貿易公司；因貿易公司已建立油品客戶網絡，2015年時，他決定另設Aman Pelumas Nusantara公司，生產黃油。

　　「鎖定黃油市場，乃著眼於全球黃油廠商數量不多，尚有新進企業立足之地；且與其他油品相較，黃油生產設備頗為高端，進入門檻不低。」夏仲超指出，他長期觀察全球與印尼油品市場，發現以黃油為主力產品的企業，較可望長久經營；創辦Aman Pelumas Nusantara後，即致力研發黃油相關產品。

　　目前，夏仲超已將印尼宜通科技交由外甥主導，自己專注投入Aman Pelumas Nusantara的營運。才短短數年，Aman Pelumas Nusantara現已擁有3個品牌，產品皆為品質較佳的鋰基黃油，品項約50項，全已通過印尼政府的認證。

生產品質較佳的鋰基黃油

黃油的正式名稱為潤滑脂（Lubricating Grease），由礦物油、金屬皂所結合，因在常溫下，呈黃色、半固體態，與牛油相似。舉凡有齒輪、培林、轉軸的機械，都得以黃油潤滑，延長使用期限，製造業需求量最為可觀。

黃油可分為鋰基黃油、鈣基黃油2大類，鋰基黃油的耐熱性、耐壓性，較具鈣基黃油為佳，經濟價值亦較高，但製程較為繁複。印尼生產鋰基黃油的企業，包括Aman Pelumas Nusantara在內，現僅有4家；當下，Aman Pelumas Nusantara生產的黃油，全都供應印尼內銷市場。

印尼為萬島之國，幅員廣大、各島交通不易，Aman Pelumas Nusantara在印尼各大島，皆透過在地代理商行銷黃油。夏仲超強調，在印尼，取得黃油銷售執照，已頗為不易。更麻煩的是，因機械種類眾多，黃油品項亦目不暇給，任一品項在上架前，都得取得印尼政府的認證；但要獲頒認證，得連續通過10多個單位的審核，缺一不可。

「想實現自有品牌夢想，就得克服一切挑戰。」夏仲超自豪地說，申請執照、認證過程繁瑣，耗時又耗神，但他皆親力親為，從未借仲介之力，迄今堪稱順利，「認證有效期限為10年，到期後還可展延5年。」

不遜於先進國家知名黃油

不過，與一般潤滑油相較，產製黃油更耗時、更占空間，更難快速量產。他分析，Aman Pelumas Nusantara 一個工作天，僅能生產約 30 桶黃油，若轉為生產潤滑油中的液壓油，卻可提高至約 90 桶，「因此，印尼黃油尚無法自給自足，仍高度仰賴進口。」

「印尼黃油製造商可分為兩大派，一派以廢油提煉黃油，另一派則採用印尼石油公司的油品提煉黃油，Aman Pelumas Nusantara 屬後者，且堅持不摻雜廢油。」夏仲超解釋，由廢油提煉的黃油，成本較低，但雜質較多，黏度、酸價（acid value，中和 1 克油脂所含游離脂肪酸，所需的氫化鉀毫克數）亦較高，品質不如由印尼石油公司油品提煉的油品，「潤滑效果亦較差！」

黃油品質良莠優劣，決定於技術工技藝高低。夏仲超透露，因他長期樂於助人，回報為 Aman Pelumas Nusantara 獲得 2 家友人的企業無償技術輸出，一家位於台灣，另一家位於中國福建省廈門市；2 家企業技術人員到 Aman Pelumas Nusantara 傳藝時，他則提供住宿與往返的商務艙機票。

夏仲超自豪地說，Aman Pelumas Nusantara 黃油品質勝

過印尼其他黃油廠商，與先進國家知名黃油品牌相較，亦毫不遜色，價格卻較為低廉，頗具市場競爭力。但他亦深有體悟，品牌之路並不平坦，至少得持續努力10年以上，才有機會與國際品牌比肩。

未來計畫進軍台灣、中國

在東南亞國家中，泰國汽、機車產業最發達，黃油產業也最為先進，印尼現正急起直追。夏仲超希望，在可見的未來，Aman Pelumas Nusantara不僅可擴大在印尼市場的市占率，還可進軍東南亞、台灣與中國市場。

移居印尼逾20年的夏仲超謙稱，到印尼後才開始學印尼文，「現在也還在學」，但聽、說已頗為流利，可與印尼籍員工順暢溝通，文字識別率亦超過50%，廠務、業務、會計皆親力親為。他更娶印尼女子為妻，一雙兒女都在雅加達就讀台北學校，已在印尼落地生根。

在異國創業，最難處理的，莫過於勞資關係。夏仲超自豪地說，他平日即致力勞資和諧，旗下3家企業都無工會，是少數不必煩憂工會抗爭的台商之一，可全力衝刺業績，無後顧之憂。

Aman Pelumas Nusantara 小檔案：

創立：2015年

創辦人：夏仲超

產業別：油品

地點：印尼西爪哇省

企業策略：因收購販售油品的貿易公司，建立油品客戶網絡。以鋰基黃油為主力產品，打造3個自有品牌，並推出約50項產品，且全通過印尼政府的認證；在印尼各大島，皆透過在地代理商行銷黃油。在可見的未來，將致力擴大在印尼市場的市占率，還計畫進軍東南亞、台灣與中國市場。

7 久和模具從中國南進印尼
進駐東協汽車市場之樞紐

地球村時代到來後,產業供應鏈全球化精密分工,已是沛然莫之能禦的趨勢。正邁開大步向前進的東南亞國家,分工態勢亦日益顯明;以汽車產業為例,泰國現已是日資汽車企業經略全球的基地,印尼則是它們拓殖東協市場的樞紐。

因日資汽車企業大舉進駐印尼,台資汽車零組件廠商隨之相繼登陸印尼,分潤汽車產業成長商機。專營汽車板金、內飾件、五金沖壓、車身覆蓋件模具設計與生產的久和模具,即是其中一員。

建廠後訂單持續湧進

創辦於台中市的久和模具,初期成長並不快速;直到赴中國設廠後,適逢中國汽車產業大躍進,規模、產能、技術層次皆「翻了數番」。2012年,應日資汽車企業客戶之邀,久和模具先在印尼設立辦公室,從中國進口汽車中小零組件

模具，再於 2015 年時建廠；2016 年，印尼廠正式投產。

久和模具與印尼「結緣」，媒合者為一家印尼汽車企業。此家企業協助印尼的日資汽車企業，從中國購置多款汽車中小零組件模具，久和模具的產品評價最佳；在印尼設點後，日資汽車企業客戶進一步要求「生產在地化」，久和模具遂在西爪哇省勿加泗，打造新的生產基地。

「當時購進的汽車中小零組件模具，許多根本不堪使用。」久和模具印尼廠總經理吳進貴表示，印尼日資汽車企業為確保模具品質，決定不再從中國進口，亦促使久和模具「登陸」印尼。

久和模具印尼廠為台灣、印尼合資企業，台灣籍股東股份占 55%，印尼籍股東股份占 45%。初期年營業額約新台幣 5 千萬元，之後逐年成長，預計 2018 年可達新台幣 9 千萬元。吳進貴指出，自建廠以來，訂單便不斷湧進，完全沒有空窗期，當下一天開工 20 個小時，工人 2 班制輪班，依然供不應求。

計畫建新廠擴大產能

建廠至今，久和模具印尼廠業績已倍增，員工數增至約

45人，年營業額約新台幣1.2億元。印尼汽車年銷售量現約120萬輛；日資汽車企業獨霸印尼市場，TOYOTA長年穩坐銷售冠軍，之後依次為ISUZU、MITSUBISHI、SUZUKI、HONDA等品牌。因此，久和模具印尼廠主力客戶亦為日資汽車企業。

「然而，日資汽車企業在印尼生產的汽車，僅約30%內銷印尼市場，其餘70%，皆外銷至東南亞國家，數量相當龐大。」吳進貴充滿信心地說，近年來各大車廠不斷推出新車款，但舊車款縱使停產，為顧及AM（after market，售後服務）市場與車主權益，零組件仍得繼續生產一定年限，「以TOYOTA為例，舊車款停產後，零組件還得生產10年。」

因為新、舊車款與若干停產的車款，都需要中小零組件模具，模具需求量頗為可觀。模具設備重量數以千噸計，故模具廠所需空間，遠超過一般產業的工廠；久和模具印尼廠現已計畫另建新廠，以持續擴大產能。

最大難題為資金借貸

「無可諱言，模具工廠規模愈大，愈易獲得汽車廠的青睞。」吳進貴直言，汽車廠挑選協力廠商，標準相當嚴格，

考量因素包括規模、技術、管理等，不輕易下訂單，「久和模具印尼廠不僅將擴張規模，技術亦不斷精進，除了開模，更可整合模具加工工程，並持續推動自動化，提供客戶更多元的服務。」

在久和模具印尼廠所有員工中，僅有吳進貴為台灣人，其餘皆為印尼籍。今日，吳進貴可聽懂約四成的印尼文，管理並無疑難；若干員工因曾赴日工作，日文聽、說能力俱佳，更可與深諳日文的吳進貴溝通無礙。

「營運遭逢的最大難題，當屬資金借貸。」吳進貴略帶無奈地說，擴廠所費不貲，單是1000公噸的模具儀器，要價至少新台幣1億5000萬元，「雖可向印尼在地銀行借貸，但若無特殊管道，利息高達13%，負擔相當沉重。況且，久和模具印尼廠希望借貸以美金計價，若以印尼盾計價，因匯率波動幅度較大，匯損風險甚高。」

在汽車中小零組件模具市場，以品質分級，日本自製的產品為A級品，久和模具生產的產品，部分已達A級品水準，大多為B級品，但符合日資汽車企業的要求。印尼模具廠產業雖已萌芽，但競爭力仍不如台灣廠，台灣廠最大競爭優勢，為趨勢敏感度較高，多能準確研判並與時俱進。

已朝輕量化方向前進

　　「當下，全球汽車產業的趨勢為輕量化，電動車崛起，更加速此風潮。」吳進貴分析，為達汽車輕量化的目標，就得使用高張力、重量更輕的鋼材，甚至將鋼材置換為鋁材，久和模具印尼廠現正致力朝此方向前進。

　　如今，久和模具已是事業版圖橫跨台灣、中國、印尼的跨國企業。

久和模具印尼廠小檔案：

創立：2012年

總經理：吳進貴

產業別：汽車中小零組件模具

地點：印尼西爪哇省

員工數：約45人

企業策略：應日資汽車企業客戶之邀，在印尼設立辦公室，之後再設廠。技術亦不斷精進，除了開模，更可整合模具加工工程，並持續推動自動化，提供客戶更多元的服務。

附錄

台灣中小企業現況

數量占台灣企業97.7% 近八成勞工服務於中小企業

　　何謂中小企業？依照《中小企業發展條例》第2條第2項規定，在製造業、營造業、礦業與土石採取業，實收資本額不足新台幣8,000萬元，或經常僱用員工數未滿200人的企業，可稱為中小企業；至於其他產業，企業前1年營業額在新台幣1億元以下，或經常僱用員工數未滿100人者，亦畫歸入中小企業。

　　根據研究，2017年在台灣，上市公司計907家，公開發行公司計2,309家，經常僱用員工數超過200人的公司，則有3,491家；但中小企業卻多達約143.8萬家，約為上市公司的1,585倍，堪稱「螞蟻雄兵」，數量相當可觀。

　　而且，中小企業數量現仍持續創新高，單論數量已占台灣所有企業的97.7%，2017年相較於2016年，年增率約為2.08%，且已連續8年正成長；而在台灣約1,100萬名勞工中，約890.4萬人任職於中小企業，占比約為78.4%，遠高於大型企業，2017年相較於2016年，年增率約為1.07%，連續成長年度更超過10年。

家數、銷售額同時成長

　　2017年，台灣中小企業銷售與內銷表現，皆頗為亮眼。該年，中小企業銷售額約12.1兆元，約占全體企業銷售額的30.22%；與2016年相較，年成長率約3.19%，已由負轉正。

　　而在中小企業銷售額中，內銷金額約10.7兆元，約占台灣全體企業內銷金額的35.52%，年成長率3.64%，增幅為歷年之最。而在2017年，成立未滿1年的新創中小企業，計有10.2萬家，占全體新創企業的99.85%；與2016年相較，年增率約6.54%。

　　2008年、2009年，受全球金融海嘯衝擊，台灣中小企業銷售額登時下滑，之後進入平穩期；2012年以降，銷售

額呈現狹幅震盪，直到2017年，才恢復成長動能。而2017年至2018年上半年，台灣經濟重現榮景，亦讓中小企業銷售額創歷史新高。

單論內銷銷售額，挺過2008年、2009年的全球金融海嘯後，台灣中小企業內銷銷售額的表現，皆較銷售額為佳；自2010年後，內銷銷售額連年穩定成長，數字屢創新紀錄，僅在2015年，出現些微負成長。

不過，因銷售額與企業家數同時成長，扣除全球金融海嘯正熾的2年，台灣中小企業平均每家的年銷售額，皆頗為穩定，在850萬元上下，增減幅度不大；2017年約為844.42萬元，較前1年略增約1.1%。

出口成長動能略有不足

內銷表現雖尚佳，但觀察長期趨勢，台灣中小企業出口動能減弱，頗令人憂心。2017年，台灣中小企業出口額約1.4兆元，約較2016年下滑0.1%，不僅仍處於衰退，且是近10年來次低的紀錄，還低於2006、2007年的水準。

台灣中小企業出口額與全球景氣榮枯連動甚深，自2006年以降，出口額曾有2年出現鉅幅衰退，分別為2009年與

2013年；2009年，全球金融海嘯仍餘波盪漾，衰退在情理之中，但2013年，衰退幅度竟高達約18.5%。2014年，衰退暫時中止1年，但2015年後，卻又連年微幅衰退，成長動能略有不足。

　　綜合上述數字，可以清楚地看出，台灣中小企業正逐步以內需市場為主，內銷比重逐年提高。2005年，台灣中小企業的內銷比重，已高達約84.8%，到2017年，更提高至約88.3%，愈來愈仰賴內銷。

　　2009年時，在台灣整體企業銷售額中，中小企業約占30.65%，大企業約占69.35%；到了2017年，中小企業約占30.22%，大企業約占69.78%，相去不遠。而在台灣整體企業內銷銷售額，中小企業的占比，2009年時約35.5%，2017年時約35.52%，幾無變化。

台灣中小企業與國際化模式

　　若將台灣中小企業，粗分為農林漁牧業、製造業與服務業等3大產業，其國際化模式與賴以成功的關鍵因素，亦有若干差異，現整理、分析如下表。

產業別		策略選擇		成功關鍵因素
農林漁牧業		出口外銷		行銷通路、運輸優勢
		模式複製		行銷通路、技術優勢
製造業	B2B	高度客製、量少價高	出口外銷	行銷通路、生產與運輸交期
		高度客製、價高量大	模式複製	在地研發能量與供應鏈
	B2C	量大價低	活動外移	人員管理、生產流程管理
		標準品、勞力密集	活動外移	人員管理、生產流程管理
		可自動化生產	出口外銷	行銷通路、市場資訊
服務業		模式複製		市場資訊掌握、在地供應鏈

本研究所訪談的海外台資企業類型

　　訪談的中國台資企業，產業別涵蓋紙漿、機械設備、傢俱製造、紙及紙製品、電子零組件、電子零組件、製造業金屬製品、印刷及資料儲存、運輸工具及零組件等。訪談的越南台資企業，皆位於越南南部的同奈省、平陽省、胡志明市，產業別涵蓋紡織、傢俱製造、金屬製品與機械設備等。

　　訪談的泰國台資企業，集中在首都曼谷市周遭的北柳府、北欖府、龍仔厝府與春武里府，產業別包括化學材料、化學製品、機械設備、電子零組件、非金屬礦物製造等。訪談的印尼台資企業，皆設廠於首都雅加達市周遭行政區，產

業別包括五金、金屬製品、家電設備、油類製品與汽機車零組件等。

　　越南、印尼兩國的台資企業，大多配合汽機車巨擘，進行「異地內銷」，以越南、印尼內銷市場為主，僅有少數台資企業從事「異地外銷」。在中國珠三角、長三角的台資企業，「異地外銷」則是主流，在中國製造產品，但主攻海外市場；珠三角的台資企業，多為印刷、自行車產業相關業者，長三角的台資企業高比例為電子大廠的協力廠商。

中小台資企業之國際化模式與競爭優劣勢分析

　　根據本研究的國際化模式延伸，配合這三年參訪廠商的地區進行交叉分析，詳如下表所示，由於2016年主要研究對象是在台灣進行國際化的中小企業廠商，所以最常見且直接方式為母國生產外銷，而2017年與2018年主要研究對象為海外進行國際化的廠商，所以異地生產銷售為最主要的模式。泰國多屬內需性中小企業，產品有塑膠、衛浴、潤滑油、油漆、機械設備等。越南、印尼、珠三角及長三角中小企業多與大企業或供應鏈配合，其中：越南部分廠商配合三陽工業等台廠進行內需銷售，另部分配合出口外銷。印尼多

數廠商是隨供應鏈大廠（如光陽、東元、索尼等）移動而遷移，並進行內需銷售，另部分配合出口外銷。珠三角及長三角則多配合下游進行出口外銷，珠三角為自行車及印刷，三角則配合供應電子大廠。

國際化模式與國家交叉分析

模式		印尼	泰國	越南	中國珠三角	中國長三角	台灣
出口外銷	母國外銷						★★★
	異地外銷	★★☆	★☆☆	★★☆	★★★	★★★	
	異地內銷	★★★	★★★	☆☆★			
活動外移	供應鏈移動	★★★		★★★	★★★	★★☆	
	異地創業		★★☆				
	世代傳承		★★☆				
模式複製	生產模式	★★☆					★★☆
	服務模式						

註：黑色星星數越多，代表台商在該模式採取比重越高
資料來源：本研究訪談整理。

　　在活動外移模式方面，泰國常見第二或第三代移民經營，部分受訪者為配合政府1990年代南進政策前往，及當地任職台企幹部轉創業。越南及珠三角也多配合大廠或供應

鏈移動,但台灣幾乎不再保有產能,主因是該產業已不再適合台灣經營環境,例如印刷或其他勞力密集產業。長三角中小企業多配合大廠或供應鏈移動,但台灣仍有產能,以便兩地供貨。印尼多數廠商是隨供應鏈大廠移動而遷移,部分廠商在台灣仍有產能,少部分廠商是異地創業。

在國際化競爭優勢方面,中小企業台商目前在泰國、越南、印尼與中國大陸長三角、珠三角地區最大的優勢在於技術升級與管理能力。另外,誠信服務亦為中小企業台商國際化優勢之一,事實上這個部分確實在訪談過程中被多次提及,在中國大陸,雖然近期工商業發展快速,但在商業交易與市場機制遵循的習慣方面,仍是以台商略勝一籌,也使得即便在中國大陸中小企業低價競爭的情況下,當地外資企業仍願意付出較高的價格來選擇台商合作。

此外,在泰國的中小企業,在培養二代接班,與當地新一代企業負責人對接等方面,亦成為中小企業台商在當地重要競爭優勢。

中小台資企業國際化的競爭優勢

	印尼	泰國	越南	中國珠三角	中國長三角	台灣
管理能力	★★☆	★☆☆	★☆☆	★★★	★★☆	★★☆
技術升級	★★☆	★★☆	★★★	★☆☆	★★★	★☆☆
誠信服務				★★☆		★☆☆
台商連結						
方案整合					★☆☆	★★★
世代傳承	★☆☆	★★★				
製造能力	★★★		★★☆	★☆☆	★★★	

註：黑色星星數越多，代表台商在該項目的競爭優勢越大
資料來源：本研究訪談整理。

　　在國際化競爭劣勢方面，在本研究案例所在國家地區中，中小企業台商國際化經營困境彙整如下頁表。反映中小企業資源缺乏困境，不論泰國、越南、印尼或中國大陸之中小企業台商，均認為資金問題是國際化過程中的主要困境之一。其中泰國與印尼的部分主要是反映利率水準偏高與當地取得資金不易，而越南與中國大陸則是金融管制問題較為嚴重。在印尼方面，當地台商主要資金來自於中國信託，少部分的台商則與印尼本地銀行有資金往來。

　　另外，越南與印尼除資金問題外，基礎建設亦是中小企

業台商國際化經營困境。當地基礎建設不足，國道及高速公路不足，增加運輸成本。再者，印尼醫療水準低落，且收費極高昂，所以台商通常會回台就醫。

中小台資企業國際化競爭劣勢

	印尼	泰國	越南	中國珠三角	中國長三角	台灣
資金問題	★★☆	★★☆	★☆☆	★★☆		
經營成本		★★★		★★★	★★★	★★★
中國競爭		★☆☆		★☆☆	★★☆	★★☆
基礎建設	★☆☆		★★★			
訂單價格				★★☆	★☆☆	★☆☆
語言問題			★★☆			
行政效率	★★★					

註：黑色星星數越多，代表台商在該項目的競爭劣勢越大
資料來源：本研究訪談整理。

此外，語言問題是中小企業台商前進東南亞國家的重要困境。尤其在商業交易契約與法令方面，均以當地語文的版本為準。而若希望以泰國與越南內需市場為目標，則語文更是必須優先解決的問題。事實上泰越兩國平均英文程度並不高，因此只有透過了解當地語言，才有機會順利搶進當地內

需市場。

　　在中國大陸方面，經營成本問題為中小企業台商國際化經營重要困境之一，主要反映近期中國大陸薪資上漲與缺工問題，而且廠商多反映未來薪資上漲趨勢仍將持續，且在中國大陸少子化的情況下，缺工問題並無有效解決之道。至於在環保法規與優惠條件落日所造成經營成本上升的部分，因受訪廠商因早期投資，在本業與土地資產均有獲利的情況下，加上長三角與珠三角為中國大陸先進製造聚集重鎮，當地生產之產品在內需市場較受歡迎。因此多數廠商仍願意負擔較高經營成本，並無遷移計畫。

新商業周刊叢書 BW0724

中堅實力3
打破規則，創造新局，台灣中小企業邁向國際的致勝策略

研 究 單 位／台灣經濟研究院
委 託 製 作／中租迪和（股）公司
內 文 撰 寫／高永謀
責 任 編 輯／簡伯儒
版　　　權／黃淑敏、翁靜如
行 銷 業 務／莊英傑、周佑潔、王瑜

總　編　輯／陳美靜
總　經　理／彭之琬
事業群總經理／黃淑貞
發　行　人／何飛鵬
法 律 顧 問／台英國際商務法律事務所　羅明通律師
出　　　版／商周出版
　　　　　　臺北市104民生東路二段141號9樓
　　　　　　電話：(02) 2500-7008　傳真：(02) 2500-7759
　　　　　　E-mail: bwp.service @ cite.com.tw
發　　　行／英屬蓋曼群島商家庭傳媒股份有限公司　城邦分公司
　　　　　　臺北市104民生東路二段141號2樓
　　　　　　讀者服務專線：0800-020-299　24小時傳真服務：(02) 2517-0999
　　　　　　讀者服務信箱E-mail：cs@cite.com.tw
　　　　　　劃撥帳號：19833503　戶名：英屬蓋曼群島商家庭傳媒股份有限公司城邦分公司
訂 購 服 務／書虫股份有限公司客服專線：(02) 2500-7718；2500-7719
　　　　　　服務時間：週一至週五上午09:30-12:00；下午13:30-17:00
　　　　　　24小時傳真專線：(02) 2500-1990；2500-1991
　　　　　　劃撥帳號：19863813　戶名：書虫股份有限公司
　　　　　　E-mail: service@readingclub.com.tw
香港發行所／城邦（香港）出版集團有限公司
　　　　　　香港灣仔駱克道193號東超商業中心1樓
　　　　　　電話：(852) 2508-6231　傳真：(852) 2578-9337
馬新發行所／城邦（馬新）出版集團
　　　　　　Cite (M) Sdn. Bhd.
　　　　　　41-3, Jalan Radin Anum, Bandar Baru Sri Petaling, 57000 Kuala Lumpur, Malaysia.
　　　　　　電話：(603) 9056-3833　傳真：(603) 9057-6622　讀者服務信箱：services@cite.my

封 面 設 計／蔡南昇
印　　　刷／韋懋實業有限公司
經　銷　商／聯合發行股份有限公司　電話：(02) 2917-8022　傳真：(02) 2911-0053
　　　　　　地址：新北市新店區寶橋路235巷6弄6號2樓

■ 2019年（民108）9月12日　初版1刷　　　　　　Printed in Taiwan

定價330元
ISBN 978-986-477-727-3

國家圖書館出版品預行編目（CIP）資料

中堅實力. 3：打破規則，創造新局，台灣中小企
業邁向國際的致勝策略／台灣經濟研究院研究. --
初版. -- 臺北市：商周出版：家庭傳媒城邦分公司
發行, 民108.09
　面；　公分
ISBN 978-986-477-727-3（平裝）

1.中小企業　2.產業發展　3.臺灣

553.712　　　　　　　　　　　　108014477

城邦讀書花園
www.cite.com.tw